KB247569

라틴아메리카 에너지 전환 지형도

이미정 지음

라틴아메리카 에너지 전환 지형도

글로벌 에너지 질서의 새로운 좌표

알렙

들어가며

라틴아메리카는 지구상에서 가장 풍부한 자연자원을 품은 대륙이다. 끝없이 흐르는 강과 호수, 뜨겁게 내리쬐는 태양, 광활한 농경지, 그리고 리튬과 희토류 같은 미래 산업의 핵심 광물까지, 이 모든 것이 모여 이곳을 21세기 에너지 전환의 무대 한가운데로 불러낸다. 그러나 이러한 풍요는 때때로 양날의 검처럼 작동해 왔다. 자원 부국으로서의 명성 뒤에는 외부 기술 의존, 국제 가격 변동에 취약한 구조, 지역 정치의 불안정성 등이 겹겹이 놓여 있다. 생태적 잠재력은 언제나 거대한 가능성이었지만, 동시에 깊은 역설의 원천이기도 했다.

이 책은 바로 그 '생태 잠재력의 역설'과 '에너지 경계(Energy Frontier)'라는 개념을 중심으로 라틴아메리카의 에너지 전환을 새롭게 읽고자 한다. 라틴아메리카의 신흥 경제국들은 수력, 풍력,

태양광 등 재생에너지에서 세계적 경쟁력을 갖추었음에도, 산업 플랫폼의 중심에 서지 못한 채 다시금 주변부로 밀려날 위험을 안고 있다. 미·중 기술 패권 경쟁이 새로운 공급망을 재편하는 지금, 라틴아메리카가 '자원의 보고'로만 머무를지, 아니면 '미래형 에너지 파트너'로 거듭날지는 여전히 현재진행형의 질문이다. 이 책이 던지는 물음 또한 여기에 있다. 라틴아메리카는 어떻게 자신만의 에너지 미래를 설계할 것인가?

제1장 '거대한 전환 시대'는 이러한 문제의식에서 출발한다. 기후위기는 이미 단순한 환경 의제가 아니라 산업·금융·안보 전반을 뒤흔드는 결정적 변수다. 전력과 연료의 경계가 바뀌고, 재생에너지 중심의 새로운 질서가 구축되는 과정에서 '전환의 속도'와 '주도권'이 국가 경쟁력을 가르는 기준이 되고 있다. 이 장은 세계적 전환의 큰 지도를 펼쳐 보며 라틴아메리카가 서 있는 좌표를 짚는다.

제2장 '세계는 어디로 향하나?'에서는 강대국의 계산법을 들여다본다. 미국과 중국은 공급망 재편, 기술 통제, 산업 보조금 정책을 통해 에너지·기술 패권을 강화하고 있다. 라틴아메리카 국가들이 직면한 기술 장벽은 좁혀지지 않는 반면, 외부 의존도는 오히려 심화하고 있다. 이 장은 라틴아메리카의 선택지가 어떻게 제한되고 확장되는지를 조망한다.

제3장 '라틴아메리카의 에너지 풍경'은 이 지역의 물리적·생태적 기반을 면밀히 분석한다. 풍부한 수력과 태양광, 바이오 에너지의 잠재력은 대륙의 강점이지만, 동시에 대형 댐 건설로 인한

생태계 파괴, 지역 사회 갈등 등 복합적 문제도 안고 있다. 자연을 에너지로 전환하는 과정에서 발생하는 균열을 생생한 사례와 함께 다룬다.

제4장 '에너지 주권의 균열'에서는 자원 부국의 모순이 적나라하게 드러난다. 리튬, 구리, 니켈 등 미래 광물은 전 세계가 탐내는 전략 자산이지만, 가공·제련·기술의 핵심은 여전히 외부에 있다. 라틴아메리카는 "자원은 풍부하나 주권은 취약한" 구조적 문제를 어떻게 극복할 것인가? 또한 재생에너지 확대와 인프라 개발이 실제로 지역 산업 내재화에 기여하는지, 혹은 새로운 의존을 낳는지 검토한다.

제5장 '에너지 전환과 새로운 균형'은 라틴아메리카 국가별 전력 계통의 변화를 통해 각 지역이 스스로의 자생력을 어떻게 구축해 가는지를 살핀다. 브라질의 대규모 수력 중심 시스템, 칠레와 멕시코의 빠른 태양광, 풍력 확산, 아르헨티나의 천연가스 기반 전환에 더해, 콜롬비아의 수력 의존 구조 속 전력원 다변화 노력과 페루의 광산업 수요 증가에 따른 수력·가스 조정 움직임을 함께 살펴본다. 서로 다른 조건과 도전에 놓인 국가들이 어떤 방식으로 균형점을 찾아가는지 정교하게 분석한다.

제6장 '재생에너지 패권과 지정학의 재편'은 전력 수요 급증의 시대에 라틴아메리카가 어떤 지정학적 자리를 점할 수 있을지 전망한다. 전기화와 디지털화가 가속되는 만큼 재생에너지 가치 사슬의 중요성은 더 커지고 있으며, 공급망 경쟁은 기술의 파편화를 낳고 있다. 이 장은 탈탄소화라는 흐름 속에서 에너지 주권의 개

넘이 어떻게 재정의되는지를 설명한다.

마지막으로 제7장 '라틴아메리카의 에너지 전환'은 앞으로의 방향을 제시한다. 지속 가능한 에너지 안보, 탄소 크레딧을 통한 새로운 국제 교환 구조, 생태 자산의 가치를 재구성하는 도전 등, 라틴아메리카가 자원 대륙을 넘어 '기후 시대의 전략적 파트너'가 될 수 있는 조건을 정리한다. 이 장은 역설을 넘어 전환의 가능성을 모색하며 책을 마무리한다.

라틴아메리카의 에너지 전환은 단순히 기술적 변화나 새로운 시장의 등장만을 의미하지 않는다. 그것은 자원을 둘러싼 국가·사회·생태계의 관계가 다시 쓰이는 과정이며, 세계 질서 속에서 이 지역이 어떤 정체성과 역할을 가질 것인지에 관한 근본적 문제에 관한 질문이다. 이 책은 바로 그 질문에 대한 탐색이며, 독자들이 라틴아메리카를 더 이상 '잠재력의 대륙'이 아닌 '전환의 주체'로 바라보는 데에 작은 길잡이가 되기를 바란다.

2025년
저자 씀

CONTENTS

제 1 장

거대한 전환 시대

인류의 역사는 곧 에너지 전환의 역사이다. 인간이 자연에서 얻는 힘—근육의 노동, 불, 나무, 바이오매스—을 활용하기 시작한 것은 기원전 수렵·채집 시대로 거슬러 올라간다. 처음에는 사람의 노동력과 불이 에너지 전부였다. 사냥과 채집, 나무와 바이오매스를 태워 얻은 불이 인류의 생존을 지탱했다.

그러나 에너지는 단순히 불을 지피는 도구에 머물지 않았다. 농업이 시작되면서 소와 말 같은 가축의 힘이 더해졌고, 인간은 점차 자연의 흐름을 에너지로 바꾸는 법을 터득했다. 바람을 이용한 돛단배는 바다를 건너게 했고, 물의 낙차를 이용한 물레방아는 곡물을 빻고 제철소의 불을 지폈다. 이렇게 농업과 기술이 발전하면서 가축의 노동, 바람, 물의 힘은 인류 문명의 원동력이 되었다.

하지만 진정한 전환은 산업혁명에서 일어났다. 석탄을 태워 움직이는 증기기관은 철도와 공장을 돌리며 '석탄의 시대'를 열었다. 이어 전기의 보급과 내연기관의 발명은 또 한 번 세상을 바꾸었다. 자동차와 대형 선박, 항공기가 등장하면서 석유는 문명의 혈관처럼 흐르는 새로운 동력이 되었다. 인간의 근육과 자연의 바람, 물의 힘을 대신해 이제는 석탄과 석유가 산업과 일상을 움직이는 중심에 서게 됐다.

기후위기와 탈탄소 경쟁

21세기 인류가 맞닥뜨린 가장 거대한 도전은 단연 '기후위기'이다. 산업혁명 이후 화석연료 사용이 급격히 늘어나면서 지구의 평균 기온은 산업화 이전보다 약 1.5℃ 가까이 상승했다. 이 변화는 단순한 기상 이상이 아니다. 홍수와 가뭄, 폭염, 잦아진 태풍, 기록적인 폭우는 이제 예외가 아니라 일상이 되었다. 기후위기는 거대한 모래시계처럼 인류 문명을 재편하도록 압박한다. 과학자들은 지구의 평균 기온이 2℃ 이상 오르면 되돌릴 수 없는 변화를 맞을 것이라 경고한다.

이 때문에 국제 사회는 유엔 기후변화 협약(United Nations Framework Convention on Climate Change, 이하 UNFCCC) 당사국총회(COP)를 중심으로 화석연료의 단계적 폐지와 재생 불가능한 에너지원의 축소에 합의하고, 2050년까지 '탄소중립(Net Zero)'을 달성하겠다는 공동의 목표를 세웠다.

이러한 흐름은 자연스럽게 '에너지 전환(Energy Transition)'으로 이어진다. 즉 인류 문명을 지탱해 온 석탄·석유·천연가스 같은 고탄소 에너지에서 벗어나, 태양광·풍력·수소·원자력 같은 저탄소 에너지로 옮겨 가는 과정이다. 인류의 역사를 돌이켜보면, 에너지원의 변화는 언제나 문명의 패러다임을 바꿔 왔다. 불과 근육의 시대에서 석탄의 시대, 다시 석유의 시대로 넘어온 것처럼, 지금의 에너지 전환 역시 새로운 문명적 전환점을 예고한다.

에너지 전환은 단순히 연료를 바꾸는 일이 아니다. 그것은 경제, 환경, 사회 전반의 구조를 새롭게 짜는 일이다. 경제적으로는 디지털 기술을 접목한 '스마트그리드' 같은 새로운 네트워크와 서비스가 등장하고, 환경 면으로는 재생에너지 기반의 순환 경제가 핵심 과제로 떠오른다. 사회적으로는 모든 사람이 안정적이고 공정한 가격으로 에너지를 이용하는 '지속 가능한 접근성'을 보장하는 것이 새로운 과제가 되었다.

라틴아메리카는 전 세계 온실가스 배출량의 약 10%를 차지하지만, 1970년부터 2022년까지 에너지 부문에서의 배출은 전 세계의 5% 남짓에 불과했다. 다시 말해, 이 지역은 산업화의 피해자이면서도 기후변화의 직접적인 원인 제공자는 아니었다. 그 배경에는 수력 발전을 중심으로 한 청정 전력 구조가 있다. 강과 폭포를 에너지원으로 삼은 수력은 오랫동안 라틴아메리카의 산업과 도시를 움직여 왔다. 그러나 이제 상황이 달라졌다. 전 세계적으로 에너지 부문이 전체 온실가스 배출의 4분의 3 이상을 차지하는 가운데, 라틴아메리카도 더 이상 예외일 수 없다. 수송과 산업 부문에서의 배출량을 줄이고, 전력 부문에서의 진전을 이어가야 한다. 특히 석유·가스 생산 과정에서 발생하는 메탄을 줄이는 일은 즉각적인 효과를 내는 첫걸음이다. 이러한 조치가 뒷받침되어야만 라틴아메리카는 '저탄소의 이점'을 유지하며 세계 에너지 전환의 흐름 속에서 주도권을 확보할 수 있다.[1]

라틴아메리카의 배출 구조는 세계 평균과 사뭇 다르다. 전체 배출의 약 38%가 산림 훼손과 경작지 확대 같은 토지 이용 변화에서 비롯하며 에너지 부문이 24%, 농업과 산림이 20%를 차지한다. 1990년대 이후 이 지역은 토지 이용에 따른 배출은 줄였지만, 에너지 사용에서 배출은 오히려 늘었다. 개발과 산업화의 압력이 점점 에너지 부문으로 이동했다. 게다가 라틴아메리카는 지리적·경제적 여건상 기후변화의 직격탄을 맞기 쉬운 지역이다. 허리케인과 폭우, 가뭄, 산불이 잦아지고, 그 피해를 감당하는 사람들의 수는 해마다 증가한다.[2]

오늘날의 에너지 전환은 단순히 '연료를 바꾸는 일'이 아니다. 기후위기의 심화, 기술 혁신의 가속화, 분열된 국제 협력이 얽히며 인류 문명의 방향 자체를 다시 묻는다. 저탄소 에너지 공급망

---

1) IEA(2023.11.08.), "Latin America Energy Outlook", pp. 49-51.
2) Carlos De Miguel et al.(2025),."Economic policy and climate change: Carbon pricing in Latin America and the Caribbean", Santiago: ECLAC, p. 12.

에 대한 신뢰는 흔들리고, 지정학적 격변은 에너지의 생산과 소비, 그리고 거버넌스 구조 전체를 재편한다. 이런 불확실성 속에서도 각 지역은 나름의 길을 모색한다. 유럽과 북미는 노후한 전력망을 개조해 재생에너지 확산을 앞당기고, 아시아는 공격적인 투자와 기술 혁신으로 속도를 높인다. 사하라 이남 아프리카는 규제와 제도를 정비하며 토대를 다지고, 라틴아메리카는 풍부한 천연자원과 수력·태양·바람의 잠재력을 기반으로 '청정에너지 안보'와 '에너지 형평성'을 함께 추구한다.

2025년, 전 세계 청정에너지 투자는 마침내 2조 달러를 넘어섰다. 전체 국가의 3분의 2가 에너지 전환 성과를 개선했지만, 그 속도와 방향은 여전히 제각각이다. 어떤 나라는 풍력 터빈을 세우고, 어떤 나라는 여전히 석유 수출로 재정을 유지한다. 에너지 시스템은 각자의 길을 가지만, 공통으로 디지털화와 분산화가 새로운 질서를 만들어 낸다. 탈탄소 경쟁은 오래된 인프라를 바꾸도록 압박하고, '에너지 주권'과 '광물 안보'가 새로운 핵심 의제로 떠올랐다. 여기에 인공지능(Artificial Intelligence, 이하 AI)과 첨단 저장 기술, 분산형 전력망의 확산은 변화를 더 빠르고 깊게 밀어붙인다. 지금 인류는 거대한 전환의 문턱에 서 있다──라틴아메리카 역시 그 안에서 자신만의 길을 모색한다.[3]

---

3) Muqsit Ashraf & Roberto Bocca(2025.06.), "Fostering Effective Energy Transition 2025", *World Economic Forum*, p. 3.

전력과 연료, 뒤바뀌는 에너지 질서

에너지 전환은 단순히 석유를 태양광으로, 가스를 풍력으로 바꾸는 '연료 교체'가 아니다. 그것은 정치·경제·사회 전반의 패러다임을 바꾸는 거대한 변화의 과정이다. 에너지 전환은 단순히 에너지원의 다각화를 뜻하지 않는다. 생산에서 소비까지 이어지는 공급망의 효율성을 높이고, 사회 전체를 탈탄소 기반으로 다시 설계하는 일이다. 그 중심에는 '경제의 전기화'가 있다. 다시 말해, 산업과 교통, 주거, 통신 등 경제의 모든 영역이 점차 전기를 중심으로 재편 중이다.[4]

오늘날 세계는 여전히 화석연료 중심의 체제에 의존하지만, 한계는 이미 명확하다. 태양광과 풍력, 수소 같은 새로운 에너지원으로의 전환은 더 이상 선택이 아닌 필연이다. 이 변화는 기술의 문제가 아니라 인류의 삶의 방식과 경제 구조, 나아가 정치 질서까지 뒤흔드는 구조적 변혁이다. AI 기반의 에너지 관리, 차세대 원자력 기술, 스마트그리드 같은 혁신은 과거와 미래를 잇는 다리 역할을 한다. 태양광과 풍력의 발전 단가는 이미 화석연료와 경쟁하는 수준으로 낮아졌고, 수소와 배터리 기술은 재생에너지의 불안정성을 보완하는 열쇠다. 에너지 전환은 결국 새로운 산업혁명의 또 다른 이름이다. 과거 석탄이 철도와 공장을 돌렸다면, 이제 전기는 데이터센터

---

4) 이미정(2022), 「에너지 패러다임 전환 궤도: 브라질 전력산업 편입의 함의」, 『라틴아메리카연구』 35(1), 2쪽; 5-6쪽, 한국라틴아메리카학회.

와 전기차, 그리고 재생 인프라를 중심으로 새로운 경제를 짠다.

이 전환은 기후위기에 대응하기 위한 노력일 뿐만 아니라 에너지 안보를 확보하기 위한 움직임이기도 하다. 국제에너지기구(International Energy Agency, 이하 IEA)는 에너지 안보를 "우리가 필요한 에너지를 언제든지 충분하고 부담 없이 안정적으로 공급받는 상태"로 정의한다. 이는 곧 국민과 산업이 필요한 에너지를 지속적으로 이용하는 사회적 안정 상태를 의미한다. 에너지 안보라는 개념은 1970년대 석유 파동을 계기로 부상했다. 당시 원유 공급의 차질은 세계 경제를 흔들었고, 각국은 그때 처음으로 안정적인 에너지 확보가 국가 안보의 핵심이라는 사실을 절감했다.

오늘날의 에너지 안보는 단순히 원유 비축이나 연료 수급의 문제를 넘어선다. 생산에서 유통, 그리고 전력망에 이르기까지 전체 시스템의 안정성이 핵심이다. 공급망이 흔들리면 경제와 사회 전반이 타격을 입기 때문이다. 결국 21세기의 에너지 전환은 기술과 환경을 넘어 '지속 가능성과 안보의 동시 추구'라는 새로운 패러다임으로 나아간다. 이 거대한 변화 속에서 라틴아메리카는 놀라운 속도로 움직인다.

태양광, 풍력, 수력, 지열 등 다양한 재생에너지가 빠르게 확산하면서, 이미 여러 국가는 전력의 절반 이상을 청정에너지로 충당한다. 브라질, 우루과이, 칠레 같은 나라들은 국가 차원의 에너지 실험실로 불릴 만큼 혁신적인 정책과 기술을 도입한다. 풍부한 자연자원과 창의적인 정책 실험, 기술 혁신이 결합한 라틴아메리카는 지금 세계에서 가장 역동적인 에너지 전환의 무대다.

제 2 장

세계는 어디로 향하나

세계 주요국들은 저마다의 사정과 계산에 따라 서로 다른 길로 에너지 전환을 추진한다. 미국은 셰일가스(Shale gas) 혁명으로 에너지 자급의 자신감을 얻었지만, 동시에 친환경 기술 경쟁에서 뒤처지지 않으려는 두 가지 목표를 병행한다. 유럽은 오랜 '그린 뉴딜'의 전통을 내세워 환경 규범과 시장 주도권을 동시에 잡으려 하고, 중국은 거대한 내수 시장을 발판으로 태양광, 배터리, 전기차 등 신에너지 산업의 글로벌 공급망을 장악해 나간다. G20과 OECD 같은 다자 무대에서는 이런 경쟁이 '기술 격차'와 '자금 조달'의 문제로 이어진다. 각국은 누가 미래 에너지 시대의 승자가 될지, 그 주도권을 놓고 치열한 수싸움을 벌이는 중이다.

지난 10년은 재생에너지의 눈부신 성장기였다. 태양광과 풍력 발전 단가는 2010년에 비해 각각 85%, 55% 이상 낮아졌고, 이제 신규 발전 설비의 대부분을 차지한다. EU는 'Fit for 55' 계획을 통해 2030년까지 재생에너지 비중을 45% 이상으로 끌어올리려 하고, 미국은 '인플레이션 감축법(Inflation Reduction Act, IRA)'을 통해 청정에너지 산업에 천문학적인 보조금을 쏟아붓는다.[1]

한때는 "선진국이 앞장서고, 개발도상국이 뒤를 따르는" 식의 전형적인 탈탄소 구도가 국제 사회의 공감대처럼 보였다. 그러나 지금, 그 이상적인 그림에 균열이 생긴다. 균열의 한가운데에는 바로 AI와 빅데이터라는 새로운 변수들이 있다. AI 학습과 데이터센터 운영에는 상상 이상의 전력이 필요하다. IEA는 전 세계 데이터센터의 전력 소비가 2022년 약 460테라 와트시(TWh)에서 2026년에는 거의 두 배로 늘어날 것으로 전망한다. 이는 웬만한 국가 전체의 전력 소비량에 맞먹는 수준이다.

이런 수요 증가 속도가 재생에너지 확대 속도를 훌쩍 뛰어넘어 문제다. 전기차 보급과 냉방 수요 증가까지 겹치면서 세계 전력 소비는 사상 유례없는 속도로 치솟는다. 아이러니하게도, 탈탄소화를 외치는 미국과 유럽조차 그 뒤에서는 데이터센터와 첨단 산업의 전력 수요를 감당하기 위해 화력 발전소의 가동을 늘리거나 규제를 완화한다. 미국 일부 주에서는 빅테크 기업의 투자를 유치하기 위해 석탄과 가스 발전을 재허용하기도 했다. 한때 '기후 리더'를 자

---

1) IEA(2024.05.30.), "Strategies for Affordable and Fair Clean Energy Transitions", *World Energy Outlook Special Report.*

처하던 선진국들이 자신들이 세운 규범에서 한발 물러서는 셈이다. 에너지 전환의 속도가 빠를수록, 그 그림자는 더욱 복잡하게 얽힌다.

강대국들의 승부수

오늘날의 글로벌 에너지 전환은 단순히 '고탄소에서 저탄소로의 이동'이라는 직선적 변화로 설명하기 어렵다. 오히려 이상과 현실 사이에서 줄다리기하는 과정에 가깝다.

한쪽에서는 기후위기를 막기 위해 탈탄소화를 서둘러야 한다고 주장하지만, 다른 한쪽에서는 에너지 안보와 첨단 산업 경쟁을 위해 보다 유연한 접근이 필요하다고 말한다. 세계는 지금 '2050 탄소중립'이라는 거대한 약속과 '오늘 당장 필요한 전력'이라는 냉정한 현실 사이에서 균형점을 찾기 위해 고심한다.

이제 에너지 전환은 더 이상 선진국이 일방적으로 주도하는 규범적 운동이 아니다. 각국의 정치 상황, 산업 구조, 이해관계가 얽혀 복잡한 협상의 장이 된다. 인류는 모두 기후위기라는 거대한 시계에 맞춰 움직이지만, 그 시계의 속도에 맞춰 에너지를 바꾸는 길은 점점 더 복잡해진다.[2] 그럼에도 국제 사회는 2050년 탄소중

---

2) IPCC(2023), "Sixth Assessment Report(AR6)", *Summary for Policymakers.*

립(Net-zero)을 목표로, 에너지 시스템 전체를 근본적으로 바꾸는 대전환에 들어섰다. 석탄과 석유가 지배하던 시대가 저물고, 태양광·풍력·수소 같은 청정에너지가 그 자리를 빠르게 채운다.

무엇보다 이 변화의 중심에는 전력 부문이 있다. 2024년 전 세계 전력 수요는 전년 대비 4.3% 증가했는데, 이는 산업혁명 이후 손꼽히는 가장 빠른 속도다. AI 데이터센터의 폭발적 증가, 전기차 확산, 그리고 기후변화로 인한 냉방 수요 급증이 전력 중심의 경제 구조를 만드는 중이다. 과거 기름과 가스를 직접 태우던 산업과 교통, 주거 영역들이 하나둘씩 전기로 대체된다. 이제 전기는 더 이상 '2차 에너지'가 아니라 새로운 에너지 질서의 중심축이 되었다.

공급 측면에서도 변화는 눈부시다. 2024년 새로 건설된 발전 설비의 86% 이상이 재생에너지였으며 그 대부분이 태양광과 풍력이었다. 태양광은 이미 세계 여러 지역에서 가장 저렴한 전력원이 되었고, 풍력도 기술 발전과 규모의 경제 덕분에 빠르게 확산 중이다. 앞으로 10년 안에 전 세계 신규 전력의 절반 이상이 태양광에서 나올 것이라는 전망도 있다.

투자의 흐름 또한 이를 뒷받침한다. 글로벌 투자은행과 연기금, 정부 기금이 앞다퉈 청정에너지에 자금을 투입한다. 이는 에너지 전환이 더 이상 환경 운동이 아니라 산업과 금융의 판도를 뒤흔드는 거대한 구조 재편임을 보여준다.

하지만, 이 변화의 혜택이 모두에게 공평하게 돌아가는 것은 아니다. 선진국들은 자본과 기술을 앞세워 에너지 전환을 주도하지만, 라틴아메리카와 아프리카 같은 개발도상국은 여전히 높은 장벽 앞에 서 있다. 태양광 패널을 수입할 수는 있어도 직접 생산하거나 기술을 이전받기는 어렵고, 발전소를 지을 수는 있어도 유지와 확장을 위한 자금이 부족하다. 결국 세계는 되돌릴 수 없는 길 위에 서 있지만, 그 길의 결과가 누구에게 이익이 되고, 누구를 소외시킬지는 여전히 불투명하다. 기후위기는 모두의 문제지만, 그 해법은 여전히 불평등하게 주어진다.

세계경제포럼(The World Economic Forum, WEF)이 발표한 '에너지 전환 지수 2025'는 이러한 복잡한 현실 속에서도 전환의 속도가 다시 힘을 얻는다는 사실을 보여준다. 전반적으로 전환 속도가 1.1% 상승했고, 조사 대상 118개국 중 약 3분의 2가 탈탄소화에서 진전을 이뤘다. 지정학적 긴장과 경제적 불확실성이 여전히 짙은 가운데 이룬 성과라는 점에서 의미가 크다. 그러나 그 겉보기 성과 뒤에는 여전히 깊은 격차가 존재한다(〈그림 1〉 참조).

기후위기 완화의 핵심은 결국 화석연료에서 지속 가능한 재생에너지로의 전환이다. '2025 에너지 전환 지수'가 보여준 1.1% 상승은 고무적이지만, 여전히 청정에너지가 차지하는 비중은 14.8%에 불과하다. 2050년 탄소중립 달성에는 턱없이 부족한 수준이다. 더욱이 2025년 4월은 역대 관측 이래 두 번째로 더운 4월이었다. 이미 전년도에 지구 평균 기온은 산업화 이전보다 1.58℃ 높아져, 〈파리 협정〉이 설정한 1.5℃ 목표선을 넘어섰다. 에너지 전환은 이제 선택이 아니라 생존의 문제다. 전 세계 온실가스 배출의 4분의 3이 에너지 부문에서 비롯된다는 사실은, 〈파리 협정〉의 1.5℃ 목표를

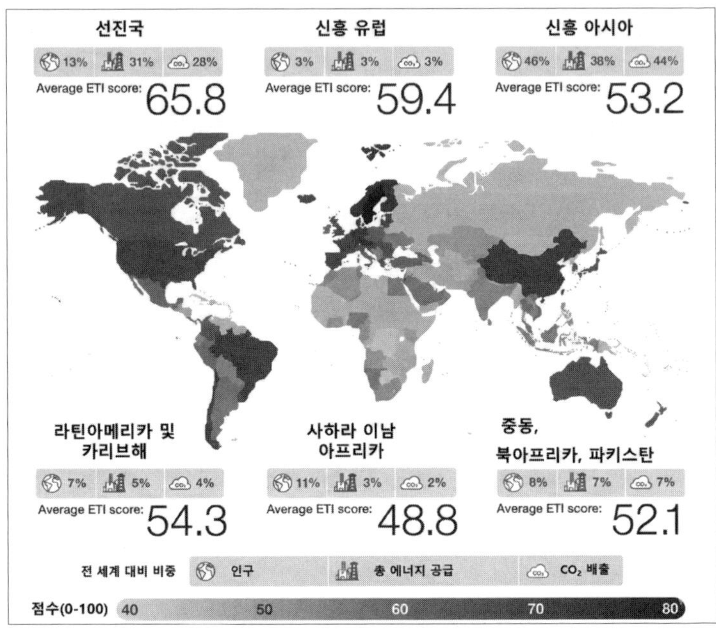

그림 1 · 에너지 전환 지수(ETI)(2025).

에너지 전환 지수(Energy Transition Index, ETI)는 국가들의 에너지 시스템 성과(지속가능성, 안보, 형평성 결과)와 전환 준비도(향후 진전을 가능하게 하는 요인들: 인프라, 정책, 자본)를 기준으로 평가한다. 인구(2023), 에너지 공급(2022), 배출(2022) 데이터는 2025년 ETI에 포함된 118개국을 세계 총합 대비 비율로 환산한 값이다.
출처: 세계경제포럼(WEF)(2025), Fostering Effective Energy Transition 2025; 세계은행(World Bank); IEA.

향한 유일한 길이 에너지 부문의 감축임을 말해 준다. 재생에너지 확대, 에너지 효율 개선, 그리고 수요 자체의 절감이 함께 이루어 져야 한다.

이러한 흐름 속에서 글로벌 기업들도 발 빠르게 움직인다. 화석 연료 의존에서 벗어나, 지속 가능하고 친환경적인 재생에너지로의 전환을 가속하는 중이다. IEA에 따르면, OECD 국가들의 재생에너지 비중은 10년 새 17%에서 27%로 상승했다. 석탄의 비중은 2017년 28%로 재생에너지(27%)와 거의 같아졌으며 2030년 이전에는 재생에너지가 석탄을 추월할 것으로 예상된다.[3]

결국 국제 사회의 논의는 하나의 공통된 방향으로 수렴한다. 그것은 바로 '경제의 전기화(Electrification of the Economy)'다. 미국, 유럽, 중국, 인도는 각자의 전략과 속도는 다르지만, 모두가 전기를 중심으로 한 새로운 에너지 질서를 향해 나아간다.[4]

물론 그 길은 순탄하지 않다. 지정학적 긴장, 공급망 혼란, 비용 상승, 경제 불안정성은 여전히 걸림돌로 남아 있다. 그러나 지속가능성, 형평성, 안보라는 세 축을 동시에 강화하지 않는 한, 어떤 에너지 전환도 완전하지 않다. 지금 세계는 그 복잡한 균형 위에서, 속도도 방향도 제각각인 다차원적 전환의 시대를 걷는다.

좁혀지지 않는 기술 장벽

세계 각국은 재생에너지 확대를 위한 다양한 정책을 추진해 왔으며 이를 기반으로 재생에너지 시장도 점차 활성화된다. 글로벌 기업들 역시 국가 차원의 체계적인 재생에너지 정책과 균등화발

---

3) WWF Report(2020), 『글로벌 기후위기 대응: 재생에너지 확대를 중심으로』, 26쪽.
4) WEF(2025.07.01.), "How far advanced is the energy transition?".

전비용(Levelized Cost of Electricity, 이하 LCOE)[5]의 지속적인 하락에 힘입어 에너지 전환에 선도적으로 대응해 왔다. LCOE의 꾸준한 하락은 재생에너지의 가격 경쟁력을 높이고, 전 세계 재생에너지 사용량 증가의 핵심 요인으로 작용했다.

재생에너지 기술의 패러다임은 시대에 따라 크게 변화해 왔다. 1970년대 중반, 석유 파동과 환경오염 문제가 전 세계적으로 대두되면서 재생에너지에 관한 관심이 본격적으로 시작되었다. 당시의 재생에너지 기술은 주로 소규모 프로젝트나 연구 수준에 머물렀고, 대표적인 기술은 풍력과 태양광이었다. 그러나 효율이 낮고 비용이 높아 상용화에는 어려움이 많았다. 재생에너지의 보급률은 미미했으며 주로 개발도상국에서 전력 부족 문제를 해결하기 위한 소규모 전력 공급 프로젝트로 활용되었다.

재생에너지의 상용화가 본격적으로 시작된 것은 1990년대 후반에서 2000년대 초반 무렵이다. 이 시기에는 기술 개발이 활발해지고 각국 정부의 정책적 지원이 강화되면서 재생에너지 산업의 기반이 마련되었다. 특히 유럽과 북미 지역은 재생에너지에 대한 적극적인 투자와 제도적 지원을 통해 풍력, 태양광, 바이오에너지 등의 기술 개발을 촉진했다. 풍력의 경우 1990년대 중반부터 발전소 설치가 급격히 늘어나기 시작했으며 덴마크, 독일, 미국이 주요 시장으로 부상했다. 태양광 발전 역시 효율성 향상과

---

[5] LCOE란 발전소의 건설부터 운영, 유지 보수까지 전 과정의 비용을 고려해 산출한 전력 단가를 말하는데, 이 수치가 낮을수록 해당 에너지원의 경쟁력이 높다는 뜻이다.

가격 급락을 바탕으로 상용화 단계에 진입했고, 일본, 독일, 미국은 이 분야에서 초기 투자와 연구개발을 주도했다.

2000년대 중반 이후에는 재생에너지 확산과 기술 발전이 본격적으로 이루어졌다. 상업적 성공을 거두면서 세계 각국에서 재생에너지가 빠른 속도로 확산했다. 주요 분야는 풍력, 태양광, 수력 등으로, 이 시기에는 기술 효율성뿐 아니라 규모의 경제가 실현되어 생산 비용이 크게 낮아졌다. 풍력의 경우 대형 발전소 건설이 늘고 해상 풍력의 가능성이 탐색되었으며 미국과 중국이 세계 주요 시장으로 성장했다. 태양광은 패널 가격이 급락하면서 대규모 발전소 건설이 가능해졌고, 중국은 세계 최대의 태양광 패널 생산국으로 부상했다. 또한 배터리 저장 기술의 발전으로 재생에너지의 간헐성 문제가 개선되면서, 보급률과 효율성이 크게 향상되었다.

무엇보다 2020년대에 들어서면서 재생에너지는 단순한 '대체에너지'의 개념을 넘어, 기후변화 대응과 탄소 배출 감축을 위한 핵심 기술로 자리 잡았다. 전 세계적으로 탄소중립 목표를 달성하기 위한 법적 규제 강화와 투자 확대가 이어지면서 재생에너지의 비중은 계속 높아진다. 또한 신기술의 등장으로 에너지 효율이 향상되고, 스마트그리드와 그린수소 등 새로운 기술이 본격적으로 상용화되기 시작했다.[6]

세계 전력 시스템에서 재생에너지 기술은 이제 막대한 비용이

---

6) REN21(2025), "Renewables 2025 Global Status Report", pp. 23-27.

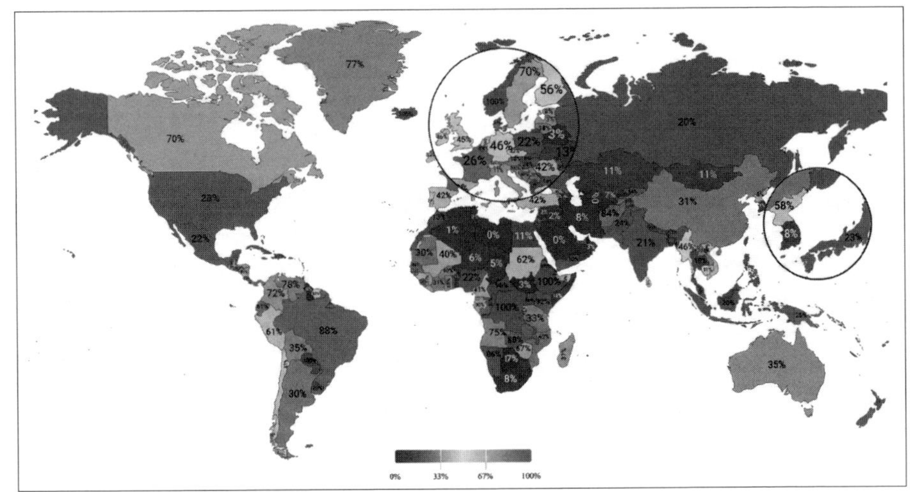

그림 2 · 재생에너지 발전 비중. 총 발전량 중 재생에너지 비율(2022).

출처: U.S. Energy Information Administration(2022), "Renewable Power: Generation as a % of Total", InvestyWise 제작.

들던 초기의 실험 단계를 지나, 본격적인 상용화 단계에 들어섰다. 현재 재생에너지는 글로벌 에너지 전환의 핵심으로 자리 잡았으며 앞으로도 지속적인 기술 혁신과 정책적 지원이 더해진다면 그 역할은 더 커질 전망이다. 다만 그 발전의 속도와 양상은 국가마다 다르다. 각국은 자원 여건과 정책적 특성에 따라 서로 다른 전략을 펼치며 재생에너지 확대와 기후변화 대응에서 각기 뚜렷한 성과를 보인다(〈그림 2 참조〉).

세계는 지금, 저마다의 전략으로 재생에너지 전환을 추진하지만 그 속도와 깊이는 크게 다르다. 유럽은 이미 제도와 정책의 뿌리를 깊게 내렸다. 영국은 '재생에너지 열 인센티브(Renewable Heat Incentive, RHI)'로 보조금을 지급하며 시행착오 속에서도 정책을 다듬었고, EU(European Union, 이하 EU)는 경쟁 입찰과 전력 구매 계약(Power Purchase Agreement, PPA)을 통해 시장 기반의 확산을 주도한다. 2023년 EU 전력의 45%가 재생에너지에서 나왔으며 독일, 덴마크, 스웨덴 등은 기술과 규범을 결합한 '표준의 정치'를 통해 세계 시장 질서를 선도한다.[7]

반면, 아메리카 대륙은 정책적 실험과 시장 유연성으로 승부를 건다. 미국은 인플레이션 감축법으로 청정에너지 산업을 적극 육성하고, 주별로 '재생에너지 의무 할당제(Renewable Energy Portfolio Standard, RPS)'를 시행하며 다양한 모델을 시험 중이다. 칠레와 우루과이 같은 남미 국가는 제도적 안정성과 민관 협력으로 단기간에 재생에너지 전력 비중을 60% 이상으로 끌어올렸지만, 기술 국산화나 공급망 구축에서는 여전히 외부 의존도가 높다. 브라질은 풍부한 자원 덕분에 '에너지 전환의 실험실'로 유리하지만, 핵심 기술과 기자재의 상당 부분을 수입에 의존한다.

아시아에서는 중국이 예외적인 존재다. 2006년 '재생에너지법' 제정을 계기로 태양광·풍력·배터리 등 전 주기를 장악하며 세계 최대 생산국으로 부상했다. 인도와 일본, 호주는 각자의 여건에 맞춰 전환을 서두르지만, 기술 자립도에서는 여전히 중국에 크게

---

7) European Environment Agency(2025.01.16.), "Share of energy consumption from renewable sources in Europe".

뒤처져 있다. 북유럽과 중국은 기술 혁신과 대규모 투자를 앞세워 시장을 주도하는 반면, 다수의 개발도상국은 여전히 기자재와 자본을 외부에 의존한다. 풍력 터빈, 태양광 모듈, 배터리 같은 핵심 부품의 생산이 소수 국가에 집중되면서, 에너지 전환은 '기술의 민주화'가 아니라 '신기술 종속'의 구조를 만들어 가는 셈이다. 이처럼 세계 각국은 자원과 정책, 산업 구조에 따라 서로 다른 길을 걷지만, 그 사이의 기술 격차는 좀처럼 좁혀지지 않는다.

2024년 기준, 전 세계 청정에너지 투자는 2조 달러를 넘어섰지만, 그 절반 이상이 선진국과 중국에 집중되어 있다.[8] 인플레이션과 부채, 공급망 불안은 신흥국의 전환 속도를 늦추는 주요 요인으로 작용한다. 이 불균형은 단순히 경제력의 문제가 아니라 기술을 누가 만들고, 누가 소유하며 누가 사용할 수 있느냐는 구조적 질문으로 이어진다. 결국 에너지 전환의 시대는 단지 기후위기 대응의 무대가 아니라 기술 패권과 산업 주도권을 둘러싼 새로운 경쟁의 장이 되었다. 라틴아메리카가 보여주는 실험과 유럽의 제도, 아시아의 기술이 서로 얽히며 만들어 내는 복잡한 지형 속에서, '지속 가능한 전환'은 여전히 불평등한 출발선 위에서 진행된다.[9]

---

8) BloombergNEF(2025.01.30.), "Global Investment in the Energy Transition Exceeded \$2 Trillion for the First Time in 2024".
9) Olade/WEF(2025.10.), "Energy Transition Readiness: Latin America and the Caribbean", in collaboration with Accenture, pp. 10-20.

제 3 장

라틴아메리카의 에너지 풍경

라틴아메리카는 대륙의 지리와 기후만큼이나 에너지 풍경이 다채롭다. 안데스산맥에서 흘러내리는 급류는 대규모 수력 발전을 가능하게 하고, 사막 지대에서는 세계에서 가장 강한 햇볕이 쏟아져 태양광 발전에 최적의 조건을 제공한다. 해안선을 따라 불어오는 강한 바람은 풍력 발전의 잠재력을 보여주며 열대와 아열대의 농업 지대에서는 사탕수수, 대두, 옥수수 등 바이오 에너지 자원이 풍부하게 생산된다. 물, 햇빛, 바람, 토지가 어우러진 라틴아메리카는 그야말로 '에너지 자원의 축소판'이다. 각국은 저마다의 지형적 이점을 활용해 새로운 전환의 길을 모색하고, 그 결과 대륙 전체가 하나의 실험장이자 기회의 공간으로 부상했다.

반면 라틴아메리카는 기후변화의 영향을 크게 받는 지역으로 꼽힌다. 최근 수십 년 동안 가뭄, 폭염, 홍수, 열대성 폭풍 등 극단적인 기상 현상이 잦아지면서 농업과 인프라에 피해가 누적되고, 일부 지역에서는 주민 이동이 늘어나는 중이다. 안데스산맥의 빙하는 1980년대 이후 약 30%가 줄어들어 물 부족과 홍수 위험이 동시에 커졌으며 해수면 상승 역시 해안 지역 사회에 부담을 더한다. 이 같은 변화는 앞으로 지역 평균 기온이 세계 평균보다 빠르게 오를 것이라는 전망과 맞물려 있다. 칠레의 사례는 이러한 상황을 잘 보여준다. 십여 년 이어지는 중부 지역의 '메가 가뭄'은 기록상 천년 만에 가장 길고 심각한 것으로 평가되며 물 관리와 전력 공급 체계에 대한 새로운 과제를 던진다. 남아메리카 전역에서도 가뭄과 폭염이 곡물 수확량 감소 같은 경제적 부담으로 이어졌고, 이는 지역 기후 보고서에서 반복적으로 언급되는 주요 현상이다. 세계기상기구(World Meteorological Organization, WMO)는 이러한 추세를 관찰하며 라틴아메리카가 기후변화로 인한 극단적 사건에 특히 민감하게 반응하는 지역임을 보여준다.[1]

과테말라, 온두라스, 니카라과, 코스타리카에서 발생한 허리케인 에타(Eta)와 이오타(Iota)로 인한 사망과 파괴, 그리고 브라질 판타날(Pantanal), 볼리비아, 파라과이, 아르헨티나에서 발생한 심각한 가뭄과 이례적인 산불은 이러한 상황을 보여주는 사례들이다.

---

1) Alejandra Cuéllar(2022.08.26.), "América Latina de olho na COP27: 'O trmpo de nos ver como vítimas acabou", *Dialogue Earth*.

무엇보다 이러한 사건들의 가장 심각한 영향은 물과 에너지의 부족, 농업 손실, 인구 이동, 그리고 건강과 안전의 위협으로서 이 모든 것이 코로나19 팬데믹과 그 회복 과정에서 직면한 도전을 더 악화시켰다.[2]

에너지원 구성 변화

라틴아메리카는 태양과 바람, 물, 지열, 그리고 풍부한 바이오매스까지, 재생에너지 자원의 보고(寶庫)로 불릴 만한 지역이다. 그런데도 현실의 에너지 구조는 여전히 화석연료 중심에 머물러 있다. 지역 전체 에너지 소비의 약 40%가 여전히 석유에서 나온다. 석유는 운송과 산업 부문을 움직이는 핵심 연료로, 수요가 좀처럼 줄지 않는다. 반면 천연가스는 전력 생산에서 빠르게 비중을 높여, 2000년 19%에서 2022년에는 23%로 늘었다. 석탄의 사용은 지난 10년간 정체 상태를 보이며 주로 산업과 발전 부문에 한정되어 있다.

이처럼 석유가 여전히 라틴아메리카 에너지의 중심이지만, 국가별 에너지 구도는 매우 다채롭다. 코스타리카, 에콰도르, 엘살바도르, 과테말라, 가이아나, 수리남, 우루과이 등은 천연가스 사

2) Alejandra Cuéllar(2022.08.26.), Ibid.

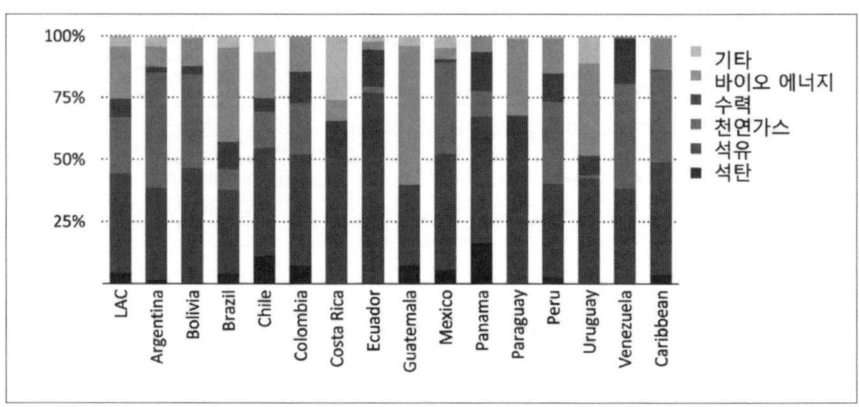

그림 3 · 라틴아메리카 주요 국가의 에너지 공급 구성(2022).

'기타'에는 태양광·풍력 같은 수력·바이오 에너지를 제외한 재생에너지와 원자력, 비재생 폐기물, 그 밖의
에너지원이 포함된다.
출처: IEA(2023.11.), "Latin America Energy Outlook", p. 39.

용 비중이 5% 미만으로, 여전히 수력과 재생에너지 중심의 구조
를 유지한다. 반면 아르헨티나, 볼리비아, 멕시코, 페루, 베네수엘
라에서는 천연가스가 전체 에너지의 30%를 넘는다. 특히 브라질
과 멕시코 두 나라는 합쳐서 라틴아메리카 전체 에너지 소비의
3분의 2를 차지하며 이 지역의 에너지 시장을 사실상 이끈다.[3]

재생에너지 중에서는 오랫동안 수력 발전이 중심축이었다. 안
데스의 산맥과 아마존의 강줄기가 만들어 낸 풍부한 수자원이 이
를 가능하게 했다. 그러나 2010년 이후, 수력 중심 구조에는 큰 변

---

3) IEA(2023.11.), op. cit., p. 38.

화가 없었다. 대신 태양광과 풍력이 빠르게 성장하며 라틴아메리카 에너지 전환의 새로운 주역으로 부상 중이다. 브라질 북동부의 거대한 풍력 단지, 칠레 아타카마(Atacama) 사막의 태양광 발전소는 이제 이 지역이 '화석연료의 땅'이 아니라 '청정에너지의 실험실'로 변했다는 상징이다(〈그림 3〉 참조).

라틴아메리카에서 가장 많은 에너지를 소비하는 분야는 운송 부문이다. 전체 최종 에너지 사용의 약 36%가 여기에 쓰인다. 그중에서도 도로교통이 압도적인 비중을 차지하며 전체 운송 에너지의 94%를 사용한다. 대부분은 휘발유(46%)와 디젤(41%)에 의존한다. 자동차 보유 대수를 보면, 2022년 기준 브라질이 거의 절반을, 멕시코가 5분의 1 이상을 차지해 두 나라가 사실상 라틴아메리카 자동차 시장을 이끈다. 바이오 에너지 역시 중요한 역할을 하지만, 국가별 차이가 크다. 특히 브라질은 세계적인 선도국으로 꼽힌다. 이곳의 차량 중 약 80%는 고농도 에탄올 혼합 연료를 사용하는 이중연료(flex fuel) 차량으로, 석유 의존을 줄이는 데 크게 기여한다. 반면 철도 운송은 상대적으로 뒤처져 있다. 아르헨티나처럼 과거보다 운행이 줄어든 나라가 많고, 현재 라틴아메리카의 철도 에너지 소비 비중은 세계 평균의 절반 수준에 머무른다.[4]

산업 부문은 두 번째로 큰 에너지 소비원으로, 전체의 약 3분의 1을 차지한다. 과거에는 철강·화학 같은 전통적인 에너지 집약

---

4) IEA(2023.11.), op. cit., p. 40.

산업이 중심이었지만, 2000년 이후 이들의 비중은 감소했다. 경쟁력이 약화한 대신, 식품 가공과 광업이 새로운 핵심 산업으로 부상했다. 현재 이 두 분야가 산업 에너지 소비의 5분의 1 이상을 차지하는데, 이는 세계 평균보다 높은 수준이다.

지난 수십 년 동안 산업 현장에서는 전기와 바이오 에너지가 석유를 대체하며 주요 에너지원으로 자리 잡았다. 그 결과 2000년 이후 석유 수요는 하루 20만 배럴 이상 줄었다. 반면 브라질, 콜롬비아, 아르헨티나 등에서 천연가스 생산이 늘고 새로운 가스전이 개발되면서, 천연가스 사용은 평균 58% 증가했다. 이런 변화는 특히 경공업에서 두드러지는데, 천연가스가 석유보다 효율적이고 전환이 쉽기 때문이다. 다만 광업에서는 여전히 석유가 지배적이다. 광업 부문의 에너지 중 43%가 석유에서, 9%만이 천연가스에서 나온다.[5]

건물 부문의 에너지 소비도 꾸준히 늘어난다. 도시화가 진전되고 생활 수준이 향상되면서 주택과 인프라, 가전제품, 냉난방 수요가 모두 증가했다. 2010년부터 2022년 사이 가전제품과 에어컨 보급률은 약 20% 늘었다. 이는 단순한 전력 증가가 아니라 라틴아메리카의 중산층 확대와 생활의 질 향상을 반영한다. 난방 수요는 북미나 유럽처럼 크지 않다. 전체 건물 에너지 소비의 10%에도 미치지 못하며 북미·유럽의 약 50%에 비하면 매우 낮은 편

5) IEA(2023.11.), op. cit., pp. 40-41.

이다. 그럼에도 겨울이 추운 남부 지역에서는 난방이 여전히 중요하다. 칠레에서는 실내 공기오염을 줄이기 위해 마른 장작 사용을 권장하고, 아르헨티나에서는 천연가스가 주된 난방 연료로 쓰인다. 전체적으로 보면, 건물 부문에서 사용되는 에너지의 거의 절반(43%)이 전기에서 공급된다.[6]

라틴아메리카는 석유·가스·석탄 같은 전통적 화석에너지 자원과 세계 최고 수준의 재생에너지 잠재력이 공존하는 독특한 지역이다. 베네수엘라, 멕시코, 브라질은 오랫동안 주요 석유와 가스 수출국으로 자리매김해 왔고, 콜롬비아와 볼리비아 역시 석탄과 천연가스 공급에서 중요한 역할을 맡아 왔다. 이처럼 화석에너지 인프라는 여전히 각국 경제와 재정의 버팀목이지만, 기후위기 대응이 전 세계적 과제로 떠오르면서 그 지속 가능성에는 점점 의문이 제기된다(〈그림 4〉 참조).

콜롬비아는 여전히 석탄 수출국으로서의 전통적 위치를 지키면서도, 최근에는 안데스산맥의 높은 고도와 카리브 해안의 바람을 활용해 풍력과 태양광 개발에 속도를 낸다. 아르헨티나는 남부 빠따고니아의 강한 바람 덕분에 풍력 발전 잠재력이 크며 동시에 리튬 자원 확보를 기반으로 '청정에너지 공급망'의 전략적 거점으로 부상한다. 하지만 동시에 바까 무에르따(Vaca Muerta)를 중심으로 한 셰일가스(shale gas) 개발에 크게 기대는 이중적 구조 속에서,

---

6) IEA(2023.11.), op. cit., pp. 41-42.

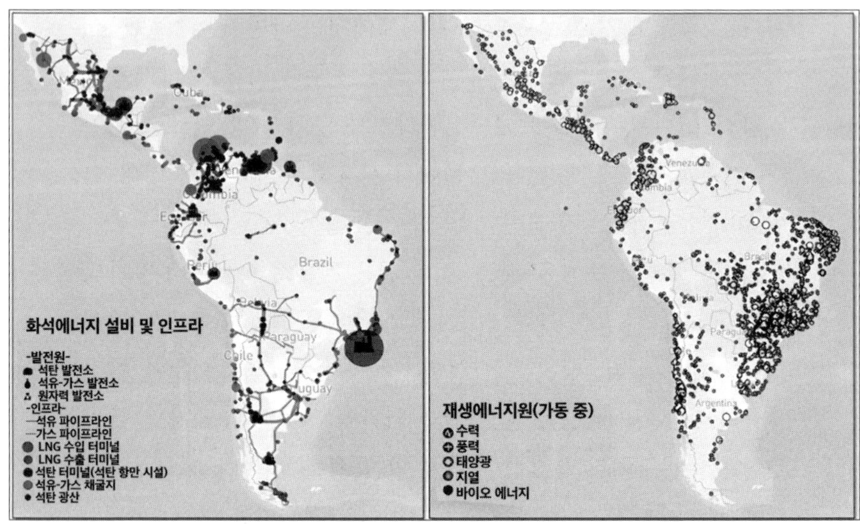

그림 4 · 라틴아메리카 에너지 인프라: 화석 vs 재생.

출처: Latin America Energy Portal(검색일: 2025.08.15.)

에너지 전환의 길은 결코 단순하지 않다.

한편, 재생에너지 분야에서 브라질은 오랫동안 수력 발전에 의존해 왔지만, 최근에는 풍력·태양광·바이오 에너지로 에너지원을 다변화한다. 칠레는 아따까마 사막의 강력한 일사량을 기반으로 한 태양광 발전으로 세계적 주목을 받았으며 우루과이는 단기간에 전력의 대부분을 재생에너지로 전환해 '청정 전력 100%'에 가까운 성과를 거두었다. 즉 라틴아메리카의 에너지 지형은 '풍부한 화석연료의 유산'과 '거대한 재생에너지의 잠재력'이 공존하는 이중적 구조로 되어 있다.

자연을 담은 수력 발전

수력 발전은 재생에너지 기술 중 가장 오래된 형태로, 전 세계적으로 중요한 에너지원으로 자리 잡았다. 수력 발전은 물의 흐름이나 낙차를 이용해 전기를 생산하는 방식으로, 환경에 미치는 영향이 적고 안정적인 에너지 생산이 가능하다. 수력 발전은 기본적으로 물의 위치 에너지나 운동 에너지를 전기로 변환하는 기술로서 댐을 건설해 물을 높은 곳에 저장하고, 이 물을 하류로 방출하면서 물의 낙차를 이용해 터빈을 돌려 전기를 생성하는 댐 수력 발전과 물의 흐름에 의해 발전하는 방식으로, 주로 작은 규모의 발전소에서 사용하는 유량 기반 수력 발전이 있다.

수력 발전은 19세기 말 미국과 유럽에서 처음 상용화되었고, 20세기 초 대형 댐이 건설되면서 비로소 큰 규모의 에너지 산업으로 성장하기 시작했다. 대형 댐을 이용한 수력 발전소는 안정적이고 대규모 전력 공급이 가능해 많은 국가에서 주요 전력원으로 사용됐다. 1950년대부터 1980년대까지 대규모 댐들이 전 세계적으로 건설되었으며 이러한 추세는 수력 발전의 성장을 가속했다. 대표적인 예로, 미국의 후버댐(Hoover Dam)이나 중국의 싼샤댐(Three Gorges Dam)이 있다.

수력 발전의 장점은 지속 가능한 에너지라는 사실이다. 물은 자연적인 순환 과정에서 지속적으로 공급되므로, 거의 무한에 가까운 에너지원이다. 안정적이고 예측할 수 있는 출력으로 수력 발전은 계절과 관계없이 일정한 전력을 생산할 수 있다. 특히, 댐을 이용한 발전소는 수십 년 동안 안정적으로 전력을 공급해 왔다. 일단 시설 건설 이후 운영 및 유지 보수 비용이 비교적 저렴하고, 무엇보다도 수력 발전은 발전 과정에서 온실가스를 배출하지 않아 환경화적인 면이 있다.

그러나 이러한 장점에도 불구하고 수력 발전은 환경에 미치는 영향이 매우 크다. 대형 댐은 주변 생태계에 큰 영향을 미칠 수 있다.[7] 댐 건설로 인해 수질 변화, 어류의 이동 경로 방해, 대규모 침수 등이 발생할 수 있으며 대형 댐 건설에 높은 비용과 시간이 소요되며 주변의 자연환경을 인위적으로 바꾸는 과정에서 지역 주민들의 이주 문제도 발생할 수 있다. 무엇보다도 수력 발전은 가동을 위한 일정한 지리적 조건이 필요한데, 큰 강이나 낙차가 있는 지형이 있어야 하므로, 전 세계 모든 지역에서 적용하는 방식은 아니다. 더욱이 기후변화로 인해 강의 유량이 줄어들거나 가뭄으로 안정적 전력 공급에 지장을 줄 수 있다.

이러한 이유로 최근 수력 발전은 대형 댐보다는 소형 수력 발전, 펌프 저장식 수력 발전, 해상 풍력과 결합한 해상 수력 등의 새로운 형태로 발전 중이다. 또한, 스마트그리드와 결합해 재생에너지의 효율성을 더욱 높이는 기술 개발이 이루어지며 작은 규모의 하천이나 강을 이용한 소형 수력 발전이 실용적 차원에서 관심

---

7) A. Scotti & R. Bottarin(2022.07.), "Small hydropower-Small ecological footprint? A multi-annual environmental impact analysis using aquatic macroinvertebrates as bioindicators. Part 2: Effects on functional diversity", *Frontiers in Environmental Science*, 10.

을 끈다.[8] 이들은 환경에 미치는 영향이 적고, 지역적인 전력 공급이 가능해 작은 마을이나 지역 사회에 유용하다. 전력 수요가 낮을 때 물을 높은 곳으로 펌핑해 저장하고, 전력 수요가 많을 때 저장된 물을 방출해 발전하는 펌프 저장식 수력 발전은 재생에너지와 결합해 효율적인 전력 공급을 돕는 수단으로 활용된다.

이러한 맥락에서 수력 발전은 현재도 주요한 재생에너지 기술로 널리 사용되며 앞으로도 중요한 역할을 계속할 전망이지만, 환경적 영향을 최소화하는 방식으로 발전을 이어 나가야 한다. 소형 수력 발전이나 다양한 혁신적인 기술들이 수력 발전의 미래를 밝히는 중요한 열쇠다.

댐으로 막힌 강, 사라지는 생태계

강은 지구에서 가장 중요한 생태계 중 하나로, 생물 다양성을 유지하고 인류에게 수많은 혜택을 제공한다. 세계 주요 어업의 상당 부분이 강을 기반으로 하며 강은 물과 퇴적물, 영양분, 그리고 다양한 생물을 범람원과 삼각주, 연안 지역으로 실어 나르며 광대한 생태적 네트워크를 형성한다. 이러한 흐름 덕분에 강은 수십억 인류의 삶을 지탱하는 생명의 순환 고리가 된다.

---

8) Amy Gunia(2022.06.), "Meet the Siblings Making Hydropower That Actually Protects Rivers and Fish", *Time*.

그러나 강이 본래의 기능을 유지하고 생태계 서비스를 계속 제공하기 위해서는 자연스러운 유량과 연결성이 보전되어야 한다. 문제는 이 연결성이 전 세계적으로 급격히 약화되었다는 점이다. 최근 연구에 따르면, 길이 1,000킬로미터가 넘는 자유롭게 흐르는 강은 이제 북극 지역과 아마존, 콩고 분지를 제외하고는 거의 남아 있지 않다. 인류의 개발과 인공 구조물이 만들어 낸 단절 속에서, 강은 점점 본래의 흐름을 잃어 간다.

세계에서 가장 거대한 담수 생태계를 품은 아마존강(Rio Amazonas)은 오랫동안 숲과 마을, 그리고 수많은 생명의 터전이었다. 하지만 이제 그 거대한 물줄기가 멈춰 설 위기에 놓여 있다. 현재 전 세계적으로 건설 중이거나 계획 단계에 있는 수력 발전소는 3,700여 개에 이르며 이들 댐이 모두 완공되면 26만 킬로미터가 넘는 자유롭게 흐르는 하천이 가로막힌다. 더 충격적인 사실은, 이렇게 막대한 변화를 감수하고도 이 모든 댐이 2050년까지 지구 평균 기온 상승을 1.5℃로 제한하는 데 기여하는 온실가스 감축량의 고작 2%에 불과하다는 점이다.[9]

물론 댐은 오랫동안 인류의 발전을 상징하는 존재였다. 인구와 농업에 필요한 용수를 공급하고, 홍수를 막으며 전기를 만들어 도시를 밝히는 데 중요한 역할을 했다. 전 세계에는 지금도 5만 8천 개가 넘는 대형 댐이 존재하며 크고 작은 보와 저수지까지 포함하

---

9) M.L. Thieme et al.(2021), "Navigating trade-offs between dams and river conservation", *Global Sustainability*, Cambridge University Press, pp. 1-3.

면 그 수는 수백만 개에 달한다. 그러나 댐의 그늘도 점점 짙어진다.

댐은 강의 흐름을 끊고, 서식지를 침수시키며 퇴적물과 영양분의 순환을 방해한다. 물고기와 수생 생물이 강을 따라 이동하는 길을 막아 생태계의 균형을 흔든다. 이런 변화는 하류 지역의 범람원 농업과 어업에도 직접적인 타격을 주어, 수많은 지역 공동체의 삶을 바꿔놓았다.

또한 댐은 단순한 환경 문제가 아니라 사회적·지정학적 갈등의 불씨가 되기도 한다. 물의 흐름이 바뀌면 강바닥의 형태가 변하고, 이는 홍수나 가뭄에 대한 취약성을 높인다. 수력 발전이 흔히 청정에너지로 불리지만, 특히 열대 지역에서는 저수지에서 메탄 같은 온실가스가 방출되기도 한다. 그 결과, 댐은 기후위기 대응의 해법이면서 동시에 또 다른 문제의 원인으로 지목된다.

결국 댐과 담수 생태계의 공존은 오늘날 인류가 해결해야 할 중요한 과제다. 강을 보호하면서도 지속 가능한 방식으로 개발하는 일은 쉽지 않으며 지난 세기의 경험은 무분별한 댐 건설이 자유롭게 흐르는 강(free-flowing rivers, FFRs)을 급격히 줄여 왔음을 분명히 보여준다. 아마존강의 흐름은 이러한 딜레마에 대한 전 세계의 답을 가늠하게 하는 시금석이 된다(〈그림 5〉 참조).

라틴아메리카처럼 생물 다양성이 유난히 풍부한 지역에서는 강을 둘러싼 이야기가 훨씬 복잡하다. 새로운 댐이 세워지면 물길이 끊기고, 퇴적물과 영양분의 흐름이 막힌다. 강어귀의 어업은 위축되고, 범람원 농지는 비옥한 흙을 잃는다. 물고기들이 오르내리던 길이 사라지고, 어떤 마을은 물속으로 잠긴다. 심지어 저수

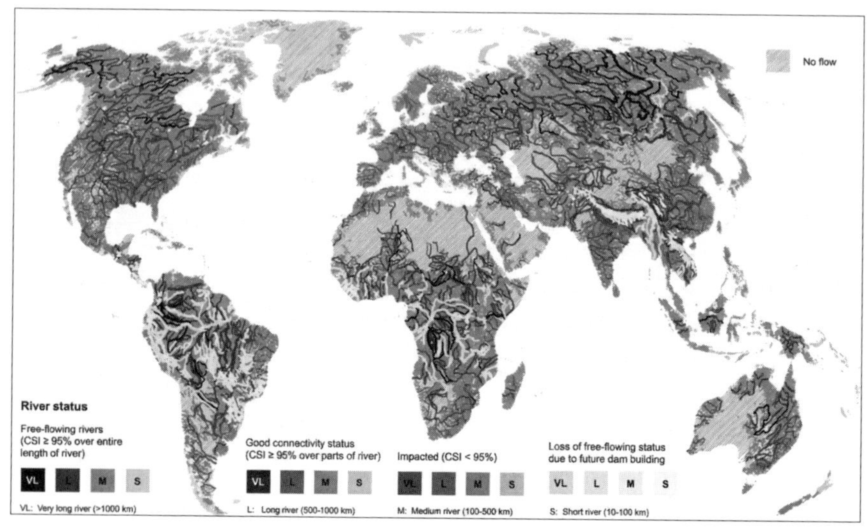

그림 5 · 댐 건설로 사라지는 자유 흐름 하천.

출처: M.L. Thieme. et al.(2021), "Navigating trade-offs between dams and river conservation" , *Global Sustainability*, Cambridge University Press, p. 3.

지에서 온실가스가 배출되기도 한다.

그중에서도 브라질 북부의 따빠조스(Tapajós)강은 상징적인 사례다. 여전히 세계에서 손꼽히는 자유 흐름 하천(FFRs)이지만, 성 루이스 두 따빠조스(São Luiz do Tapajós) 같은 대형 댐 건설 계획이 이 강을 위협한다.[10] 이곳에는 수천 종의 어류와 조류가 살고, 강

---

10) 성 루이스 두 따빠조스(São Luiz do Tapajós) 수력 발전소는 빠라(Pará)주의 타빠조스강에 계획된 초대형 수력 발전소로, 완공 시 6,356.4MW의 전력을 생산할 예정이었다. 그러나 광범위한 산림 침수와 생태계 붕괴, 어종과 서식지 상실 등 심각한 환경 파괴 우려로 인해 2016년 사업이 중단되었다. 특히 문두루꾸(Munduruku)족의 성지

변의 사람들은 해마다 찾아오는 범람 주기에 맞춰 농사를 짓고 물고기를 잡는다. 그러나 거대한 콘크리트 벽 하나가 세워지는 순간, 그 질서는 완전히 무너질 수 있다.

다행히 변화의 조짐도 있다. 몇몇 국가는 생태적 가치가 높은 강을 법적으로 보호 구역으로 지정해 댐 건설을 막고, 다른 나라들은 과감히 대형 수력 발전 프로젝트를 접고 태양광과 풍력으로 방향을 바꾼다. 칠레 남부의 '이드로아이센(HidroAysén)' 프로젝트가 대표적이다. 빠따고니아의 빠스꾸아(Pascua)강과 베이커(Baker)강을 막아 전력을 생산하려던 계획은 주민들의 반대와 환경 훼손 우려로 결국 무산됐다. 대신 불과 6년 만에 태양광 2,300MW, 풍력 1,300MW가 새로 설치되어, 댐이 생산했을 전력을 완전히 대체했다. 강은 자유롭게 흐르면서도, 필요한 전기는 충분히 얻은 셈이다.[11]

이미 세워진 댐이라도 희망은 남아 있다. 하류로 흘려보내는 물의 양과 시기를 조정해 생태계의 리듬을 되살리거나, 오래되고 비효율적인 댐을 아예 철거하는 방법도 있다. 미국 메인(Maine)주의 페노브스콧(Penobscot)강에서는 몇 개의 댐을 철거한 뒤, 회귀성 어류의 개체 수가 수만 마리에서 수백만 마리로 늘어났다. 놀랍게

와 공동체가 잠식될 위험이 커, 원주민과 환경 단체의 강력한 저항을 불러일으켰다. O Eco(2016.09.28.), "Ibama mantém arquivado o licenciamento a usina de São Luiz dos Tapajós".
11) M.L. Thieme et al.(2021), Ibid., pp. 3-4.

도 발전량은 예전과 거의 같았다.[12] 코스타리카의 사례도 흥미롭다. 레벤타손(Reventazón)강에 댐을 세우는 대신, 인근 빠리스미나(Parismina)강을 영구 보호 구역으로 지정해 개발과 보전의 균형을 찾았다.[13]

이처럼 최근 들어 댐 개발은 전 세계적으로 둔화하는 추세다. 에너지, 식량, 물, 생태계를 함께 고려하는 새로운 개발 패러다임이 등장하며 지난 10년간 급격히 낮아진 재생에너지 비용은 각국에 또 다른 선택지를 열어준다. 이제 수력 발전은 태양광과 풍력과 경쟁의 관계가 아니라 상호 보완의 관계로 나아가야 한다. 강은 단순한 물길이 아니다. 사람과 자연을 이어주는 생명의 흐름이다. 그 흐름을 지키는 일은 단지 환경을 보호하는 것이 아니라 우리의 미래를 지켜내는 일이다. 라틴아메리카의 강들이 그 흐름을 계속 이어간다면, 사람과 숲, 강이 함께 숨 쉬는 풍경을 오래도록 간직할 수 있을 것이다.

---

12) NRCM, "Penobscot River Restoration Project".
13) WWF(2020.10.28.), "Securing a Future that Flows: Case Studies of Protection Mechanisms for Rivers", pp. 14-15.

제 4 장

에너지 주권의 균열

오늘날 세계의 에너지 패러다임은 화석연료 중심의 낡은 모델에서 재생가능한 에너지원 기반의 새로운 체계로 이동하는 구조적 변화를 겪는다. 이는 단순히 석유나 석탄을 태양광과 풍력으로 바꾸는 문제가 아니다. 에너지 공급망의 효율성을 높이고, 정치·경제·사회 전반에 걸쳐 '탈탄소화'를 핵심 원리로 삼는 전환이 이루어진다. 무엇보다 이 변화의 중심에는 '경제의 전기화(electrification of economy)', 즉 산업과 생활의 거의 모든 영역이 전기를 중심으로 재편되는 흐름이 있다. 인류는 기후위기 속에서도 에너지 부족을 극복하기 위해 과감한 도전에 나서며 지속 가능한 미

그림 6 · 라틴아메리카·카리브의 온실가스 배출 현황.

출처: Alejandra Cuéllar(2022.08.26.), "América Latina de olho na COP27: 'O tempo de nos ver como vítimas acabou", *Dialogue Earth*.

래 에너지 체제를 스스로 설계한다.[1]

이러한 전환의 흐름 속에서 라틴아메리카는 특히 주목할 만한 지역이다. 이 지역은 세계 인구의 약 8%, 세계 GDP의 약 7%를 차지하지만, 지금까지 배출된 전 세계 누적 에너지 관련 온실가스의 비중은 5%에 불과하다(〈그림 6〉 참조). 전력의 약 60%가 이미 재

---

1) 이미정(2023), 「브라질 인프라 개발과 국토 통합의 함의: 지속가능한 발전을 위한 범위」, 『라틴아메리카 생태를 읽다』, 알렙, 171쪽.

생에너지 기반으로 생산되며 그중 수력 발전이 전체 전력의 43%를 담당한다. 풍부한 수자원이 이러한 구조를 가능하게 했지만, 동시에 생태계에는 적지 않은 부담을 준다. 더불어 약 1,700만 명이 여전히 현대적 에너지 서비스에 접근하지 못한다는 점에서, 라틴아메리카의 에너지 전환은 '풍요와 결핍'이 공존하는 복합적 과제를 안고 있다. 즉 라틴아메리카는 지속 가능성과 형평성 사이의 균형을 시험받는 현장이다. 이미 상당한 재생에너지 기반을 구축했지만, 에너지 접근성과 생태 보전이라는 또 다른 도전을 함께 해결해야 하는 지역이기도 하다.[2]

지난 10년 동안 전 세계에 새로 건설된 송전선의 길이는 무려 150만 킬로미터에 달한다. 이 중 90%가 신흥 시장과 개발도상국(Emerging Market and Developing Economies, 이하 EMDE)에서 만들어졌다(〈표 1〉 참조). 중국이 50만 킬로미터로 가장 큰 비중을 차지했고, 인도와 브라질도 각각 18만 킬로미터, 10만 킬로미터를 확충했다. 반면 선진국은 이미 전력망이 촘촘하고 인구 밀도가 높아 확장 여지가 적어, 전체의 약 9%만을 새로 건설했다. 대신 오래된 인프라의 교체와 현대화가 주요 과제가 되었다. 신흥국들은 여전히 전력 수요 증가와 보편적 전력 접근을 위해 확장에 집중한다.[3]

전력망은 단순한 산업 인프라가 아니라 경제와 사회 발전을 이

---

2) IEA's Clean Energy Transition Programme(2025.01.), "Latin America—A Region of Opportunities and Strong Momentum for a Just and Clean Energy Transition", p. 1.
3) IEA(2025.02.25.), "Building the Future Transmission Grid: Strategies to navigate supply chain challenges", pp. 12-14.

어주는 핵심 기반이다. 2023년, 전력 미보급 인구가 다소 줄며 정체 국면을 벗어났고, 아시아와 라틴아메리카는 거의 보편적 전력에 근접했다. 하지만 사하라 이남 아프리카는 여전히 세계 전력 미보급 인구의 80%를 차지한다. 앞으로는 대규모 송전선 확충과 더불어 소규모 전력망(mini-grid), 독립형 전력 시스템 같은 대안적 해법이 함께 가야만 사회, 경제 발전을 뒷받침할 수 있다.

IEA는 모든 시나리오에서 송전망 확충이 청정에너지 전환과 전력 안보를 동시에 달성하는 핵심 조건이라 지적한다. 2050년까지 선진국은 송전 용량을 두 배로, 신흥국은 세 배로 늘려야 한다. 단순한 신규 건설뿐 아니라 노후 인프라 교체와 디지털화에도 막대한 투자가 필요하다. 예를 들어 2040년까지 선진국은 약 180만 킬로미터의 신규 송전선 건설과 97만 킬로미터의 교체가 요구되며 신흥국은 230만 킬로미터의 신규 건설과 42만 킬로미터의 교체가 필요하다. 이에 따라 케이블, 변압기 등 핵심 장비 수요가 폭발적으로 증가한다.[4]

그러나 각 지역의 과제는 성격이 다르다. 선진국은 오래된 송전망의 교체율이 매년 약 8%에 이르며 재생에너지 통합과 디지털 전환을 위한 현대화가 시급하다. 반면 EMDE 국가들은 신형 인프라 비중이 높지만, 급격히 늘어나는 전력 수요와 보편적 접근을 위해 '양적 확장'에 매달릴 수밖에 없다. 그만큼 자본과 기술의 부담도 크다.

---

4) IEA(2025.02.25.), Ibid., pp. 15-16.

선진국	신흥 아시아	신흥 유럽	라틴아메리카 및 카리브해	중동 북아프리카 및 파키스탄	사하라 이남 아프리카
그리스 네덜란드 노르웨이 뉴질랜드 대한민국 덴마크 독일 룩셈부르크 몰타 미국 벨기에 스웨덴 스위스 스페인 슬로베니아 싱가포르 아이슬란드 아일랜드 에스토니아 영국 오스트리아 이스라엘 이탈리아 일본 체코 캐나다 키프로스 포르투갈 프랑스 핀란드 호주	네팔 라오스 말레이시아 몽골 방글라데시 베트남 브루나이- 다루살람 스리랑카 인도 인도네시아 중국 카자흐스탄 캄보디아 키르기스- 공화국 타지키스탄 태국 필리핀	라트비아 루마니아 몬테네그로 몰도바- 공화국 보스니아 헤르체고비나 북마케도니아 불가리아 세르비아 슬로바키아- 공화국 아르메니아 아제르바이잔 알바니아 우크라이나 조지아 크로아티아 튀르키예 폴란드 헝가리	과테말라 니카라과 도미니카- 공화국 멕시코 볼리비아 브라질 아르헨티나 에콰도르 엘살바도르 온두라스 우루과이 자메이카 칠레 코스타리카 콜롬비아 트리니다드- 토바고 파나마 파라과이 페루	레바논 모로코 바레인 사우디아라비아 아랍에미리트 알제리 오만 요르단 이란-이슬람 공화국 이집트 카타르 쿠웨이트 튀니지 파키스탄	가나 가봉 나이지리아 남아프리카- 공화국 모리셔스 모잠비크 보츠와나 세네갈 앙골라 에티오피아 잠비아 짐바브웨 카메룬 케냐 코트디부아르 콩고민주- 공화국 탄자니아

표 1 · 세계 지역 및 경제권별 국가 분류.

출처: WEF(2025.06.), "Fostering Effective Energy Transition 2025", *Insight Report*, p. 58.

문제는 투자 격차다. 송전 투자가 전 세계적으로 증가하는데, 여전히 필요한 수준의 절반에도 미치지 못한다. 유럽, 미국, 중국, 인도, 라틴아메리카 일부가 투자를 주도하지만, 선진국과 중국이 전체의 약 80%를 차지해 지역 간 불균형이 심화한다. EU는 '그리드 액션 플랜'을 통해 국경 간 송전 용량을 두 배로 늘릴 계획이고, 미국은 인프라 투자법(Infrastructure Investment and Jobs Act, IIJA)의 일환으로 25억 달러 규모의 송전 촉진 프로그램을 운영 중이다. 중국은 2023년 한 해에만 400억 달러를 초고압(UHV)[5] 송전에 투자했으며 제14차 5개년 계획에 따라 38개의 초고압 송전선을 가동 중이다.[6]

하지만 신흥국과 개도국들은 여전히 투자가 절대적으로 부족하다. 인도는 2030년까지 재생에너지 500GW, 2032년까지 600GW 설치를 목표로 국가 전력 계획을 세우고, 국경 간 연계와 저장·변전소 확충을 추진 중이다. 브라질 역시 2023년 송전 인프라 투자를 두 배로 늘리고, 1만 500킬로미터 규모의 사상 최대 송전망 경매를 실시했다. 즉 이 모든 흐름은 한 가지 사실을 보여준다.

송전망은 더 이상 단순한 기술 장치가 아니라 국가의 에너지 주권을 좌우하는 전략적 인프라가 되었다. 전력을 누가 만들고, 어떻게 보내며 어디까지 연결하는지가 곧 국가의 힘을 결정한다.

---

5) UHV는 800kV 이상 전압으로 대량의 전력을 장거리까지 손실을 최소화하며 송전하는 기술이다.
6) IEA(2025.02.25.), op. cit., pp. 15-17.

그러나 투자와 기술의 불균형은 '전력의 흐름'을 '권력의 흐름'으로 바꾼다. 이것이 바로 오늘날 우리가 마주한 에너지 주권의 균열이다.

라틴아메리카는 지금 공정하고 청정한 에너지 전환의 중심지로 떠오르고 있다. 이 지역은 에너지 수요와 공급, 배출 감축이라는 과제 속에서 새로운 에너지 경제의 기회를 모색하며 빠르게 변화하는 중이다. 특히 글로벌 에너지 전환과 기후 목표 달성이 맞물리면서, 브라질을 비롯한 주요 국가들은 산업, 운송, 가전 부문의 효율성을 높이고, 기술 표준을 조화시키며 에너지 효율과 탈탄소화를 강화한다.

또한 각국은 연구·개발·실증(Research, Development, and Demonstration, 이하 RD&D) 체계를 정비하며 수소, 바이오 연료, 에너지 저장 등 차세대 청정에너지 분야에 투자를 집중한다. 동시에 전력망을 연계하고 지역 공동체 기반의 에너지 해법을 확산시켜 사람 중심의 전환을 실현하려는 시도도 활발하다. 라틴아메리카가 더 이상 '주변부'가 아니라 세계 청정에너지 전환을 이끄는 새로운 중심으로 자리매김하는 중이다.[7]

하지만 이 전환의 이면에는 '에너지 주권'의 흔들림이라는 문제도 존재한다. 라틴아메리카의 에너지 정책은 국제기구와 역내 통합 기구의 적극적인 개입 속에서 추진되며 그 과정에서 국가별

---

7) IEA's Clean Energy Transition Programme(2025.01.), op. cit., p. 2.

자율성과 정책적 독립성이 점점 줄어든다. 예를 들어, 중앙아메리카통합체제(Sistema de la Integración Centroamericana, SICA)는 에너지 효율 강화를 위해 에어컨의 최소 에너지 성능 기준을 도입했지만, 실제 제도 설계와 시행 과정은 외부 기관의 기술 자문과 국제 기준에 크게 의존하며 각국의 독자적 정책 범위가 축소되는 부작용이 나타났다.[8]

비슷한 사례는 브라질에서도 볼 수 있다. 브라질의 국가에너지정책위원회(Conselho Nacional de Política Energética, CNPE)는 수소, 원자력, 바이오 연료, 디지털 전환 등을 중심으로 RD&D 투자를 확대하기로 결정했는데, 이 방향 역시 IEA의 권고에 기반했다. 즉 자국 산업 정책보다 국제 담론과 외부 권고가 혁신 자원 배분의 우위를 점한 셈이다(〈그림 7〉 참조).

라틴아메리카의 에너지 전환은 국제 협력이라는 이름 아래 빠르게 추진되지만, 이면에는 '의존의 그림자'가 드리워져 있다. 예를 들어 저탄소 수소 개발 분야에서는 독일국제협력공사(Deutsche Gesellschaft für Internationale Zusammenarbeit, GIZ), 세계은행(World Bank), 유엔 라틴아메리카·카리브경제위원회(United Nations Economic Commission for Latin America and the Caribbean, UNECLAC), 유로클리마플러스(Euroclima+)[9] 등 국제 파트너들이 자금과 정책적 틀을 제공

---

8) GIZ(2017), "Renewable energy and energy efficiency in Centralamerica III".
9) Euroclima+는 유럽연합(EU)이 라틴아메리카 18개국과 협력해 기후변화 완화 및 적응 정책을 지원하는 지역 협력 프로그램이다.

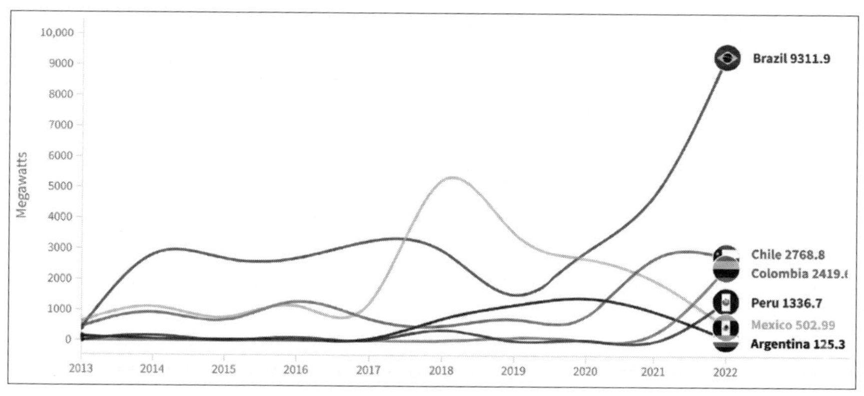

그림 7 · 라틴아메리카에서 벌어지는 재생에너지 경쟁.

브라질, 칠레, 콜롬비아는 앞서고 멕시코는 뒤처지는 추세.
출처: Sophia Bauer et al.(2023.03.), "A Race to the Top: Latin America", *Global Energy Monitor*.

한다.[10] 지원 덕분에 여러 나라가 '녹색 기회'를 외치며 앞다투어 참여하지만, 실상은 외부 기관이 설계한 이해관계의 틀 속에서 움직이는 구조가 점차 굳어진다.

또한 중앙아메리카통합체제(SICA), 안데스에너지통합체계(Sistema de Interconexión Eléctrica Andina, SINEA), 남미남부전력통합체계(Sistema Eléctrico del Sur, SIESUR) 등 역내 에너지 통합 프로젝트 역시 비슷한 양면성을 드러낸다. 전력망을 연결해 지역 협력을 강화하는 긍정적 효과가 있는 반면 각국의 요금 체계와 에너지 구성, 전력 수급에 대한 자율성이 약화하는 부작용도 함께 커진다.

---

10) IDB(2024.03.06.), "Energy Transition in Latin America and the Caribbean".

이런 현상은 '청정 요리(clean cooking)' 같은 공동체 기반의 에너지 접근 사업에서도 확인된다. 겉으로는 취약 계층을 위한 포용적 정책처럼 보이지만, 실제로는 외부 자금과 기술 지원에 크게 의존해 각국 정부의 주도성이 제한되어 있다. 결국 라틴아메리카의 에너지 전환은 국제 협력을 통해 성과를 내면서도, 그만큼 자율적 결정권을 잃어 가는 모순적인 현실을 드러낸다.[11]

이러한 흐름 속에서 주목받는 대응책이 바로 청정에너지 기술의 현지 제조(Local Manufacturing) 육성이다. 자원이 풍부한 국가들이 생산, 제조 단계까지 참여해야만 진정한 '에너지 주권'을 확보할 수 있기 때문이다. 현재 중국을 제외한 EMDE에서 청정에너지 관련 일자리의 40%가 창출되지만, 그 대부분은 원자재 채굴이나 저부가가치 단계에 집중되어 있다. 반면 선진국과 중국은 기술 개발과 장비 제조 등 가치사슬의 상단을 차지하며 더 큰 경제적 이익을 얻는다. 아프리카와 일부 라틴아메리카 국가는 아직 청정에너지 제조 산업의 주체로 자리 잡지 못한 채, '공급자'에 머물러 있다.

이에 따라 여러 나라가 로컬 콘텐츠(Local Content) 정책을 도입해, 광산 기업들이 현지에서 생산된 제품과 서비스를 조달하도록 의무화한다. 예컨대 남아프리카공화국은 광산 관련 서비스의 80%, 상품의 70%를 자국 내 기업과 제조업체에서 충당하도록 규

---

11) IEA's Clean Energy Transition Programme(2025.01.), op. cit., p. 2.

정해 부가가치를 지역 내에 남기려고 시도한다.[12]

라틴아메리카 역시 이러한 논의에서 예외가 아니다. 리튬·구리·희토류 같은 전략 광물 자원을 풍부하게 보유한 국가들은 단순한 원자재 수출을 넘어, 가공·제조·기술 개발의 주체로 나서려고 한다. 그러나 여전히 다국적 기업의 영향력과 글로벌 가치사슬의 종속 구조가 견고해, 진정한 '에너지 자립'으로 나아가기에는 갈 길이 멀다.

결국 '에너지 주권의 균열'은 풍부한 자원과 외부 의존 사이의 긴장에서 가장 뚜렷하게 드러난다. 이 지역의 풍요는 여전히 타인의 설계 위에 놓여 있고, 에너지 전환의 성과는 국제 담론의 그늘에서 나뉜다. 라틴아메리카가 진정한 의미의 '자립적 전환'을 이루기 위해서는, 기술과 자본의 문제를 넘어 누가 미래의 전력을 통제할 것인가라는 더 근본적인 질문에 답해야 한다.

미래를 여는 광물들

라틴아메리카와 카리브해(Latin America and the Caribbean, LAC)는 지금 '미래를 여는 광물의 보고'로 주목받는다. 칠레는 세계 최대의 구리 생산국이자 전 세계 리튬 공급의 약 30%를 차지하고, 브

---

12) IEA(2025.06.), "Blueprint for Action on Just and Inclusive Energy Transitions", pp. 77-79.

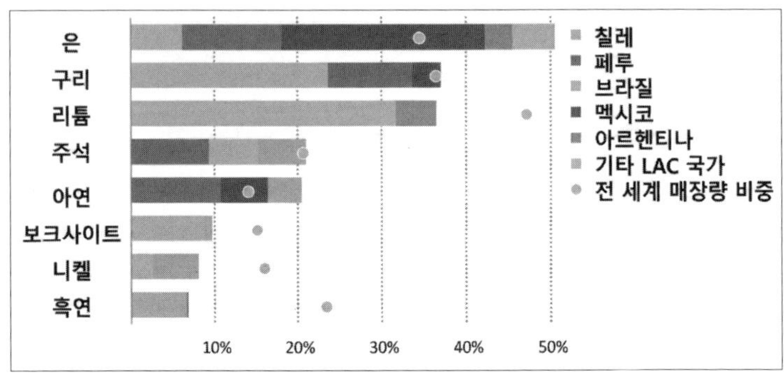

그림 8 · 라틴아메리카·카리브해 국가들의 주요 광물 생산 및 매장량 비중(2022).

출처: IEA(2023.11.), "Latin America Energy Outlook", p. 48.

라질은 보크사이트(알루미늄 원료)와 흑연의 주요 수출국이다. 페루는 구리, 은, 니켈, 볼리비아는 대규모 리튬 매장량으로, 이 지역 전반이 핵심 광물(critical minerals) 공급의 중심지로 자리 잡는 중이다. 브라질 북부에는 희토류가 풍부하게 매장되어 있으며 아직 탐사가 충분히 이뤄지지 않은 잠재 자원도 많다. 이러한 풍부한 자원은 단순히 채굴에 머물지 않고 제련·가공·제조 단계로 나아간다면, 더 큰 부가가치를 창출하고 일자리를 늘리며 세계 광물 공급망을 다변화할 중요한 기회가 될 수 있다(〈그림 8〉 참조).[13]

하지만 그 기회를 현실로 바꾸려면 지속 가능성이 전제되어야 한다. 라틴아메리카의 주요 광산은 대부분 물 부족, 생물 다양성

---

13) IEA(2023.11.), op. cit., p. 48.

훼손, 원주민 공동체 보호 문제 같은 민감한 생태계 속에 자리한다. 예를 들어 칠레 북부의 구리, 리튬 광산은 사막 지대에 위치해 물 부족이 심각한 문제로 떠올랐고, 브라질 아마존 분지의 보크사이트, 희토류 매장지는 풍부한 생태계와 원주민 거주지와 맞닿아 있다. 따라서 환경·사회·지배구조(Environmental·Social·Governance, ESG) 기준을 엄격히 지키며 지역 사회와 생태계가 함께 이익을 나누는 방식이 필수적이다.

희망적인 변화의 조짐도 보인다. 칠레의 브론세스(Bronces) 구리 광산은 수송 시스템을 개선하고, 자동화된 재순환 설비를 도입해 사용한 물의 78% 이상을 재활용한다.[14] 이러한 사례는 광업이 환경을 파괴하지 않고도 지속 가능한 산업으로 전환할 수 있음을 보여주는 상징적인 모델이다. 앞으로 이런 성공 사례가 더 쌓인다면, 라틴아메리카는 '자원의 저주'가 아닌 '자원의 축복'을 누릴 것이다.[15]

에너지 전환은 단순히 화석연료를 줄이는 일이 아니다. 태양광 패널, 풍력 터빈, 전기차, 연료 전지 등 새로운 청정 기술에는 구리, 니켈, 코발트, 리튬, 희토류 등 다양한 금속이 필요하다. 이 자원들은 일종의 '에너지 전환의 쌀'이라 불릴 정도로 핵심적이다. 기후 변화 대응 목표가 높아질수록 이런 광물의 수요는 급증하고, 공급망이 흔들리면 경제와 안보에 직접적인 영향을 미친다. 그래

---

14) IEA(2023.11.), op. cit., pp. 48-49.
15) IEA(2023.11.), Ibid., pp. 48-49.

서 각국은 이제 에너지 정책을 넘어 '자원 안보(resource security)'를 국가 전략의 중심에 둔다.[16)]

이런 흐름 속에서 '에너지 광물 연계(energy minerals nexus)'라는 개념이 등장했다. 청정에너지 확대는 안정적인 광물 공급 없이는 불가능하며 그만큼 광업과 가공·재활용 산업은 앞으로 세계에서 가장 빠르게 성장할 분야로 꼽힌다. 그러나 문제는 이 핵심 광물들이 소수 국가에 지나치게 집중되어 있다는 점이다. 리튬이온 배터리 생산의 70% 이상이 중국, 아프리카, 라틴아메리카에 집중되어 있고, 풍력 터빈과 전기 모터 핵심 부품 역시 중국이 압도적인 비중을 차지한다. 이런 구조는 단순한 경제 문제를 넘어 지정학적 경쟁과 새로운 공급망 불안을 낳는다. 태양광, 풍력, 전기차, 로봇, 드론 등 첨단 기술은 기존 화석연료보다 훨씬 많은 금속이 필요하므로, 이제 '광물 확보 경쟁'이 곧 에너지 전환의 성패를 가르는 핵심 변수가 됐다.[17)]

이 문제는 군사 분야에서도 민감하다. 드론, 첨단 레이더, 위성, 미사일 시스템 등에는 반드시 핵심 광물이 들어가며 자원 부족은 단순한 산업 문제가 아니라 국가 안보의 위협으로 이어진다. 동시에, 광물 채굴이 늘어나는 개발도상국과 분쟁 지역에서는 환경 파괴와 인권 침해 같은 새로운 사회적 갈등이 불거진다. 즉 기후 대

---

16) F. Ferreira de Castro et al.(2024), "Transição Energética para Fontes de Energia Renováveis e sua Dependência por Minerais Críticos: Aspectos Geoeconômicos", *IPEA*, pp. 12-15.
17) F. Ferreira de Castro et al.(2024), Ibid., pp. 16-17.

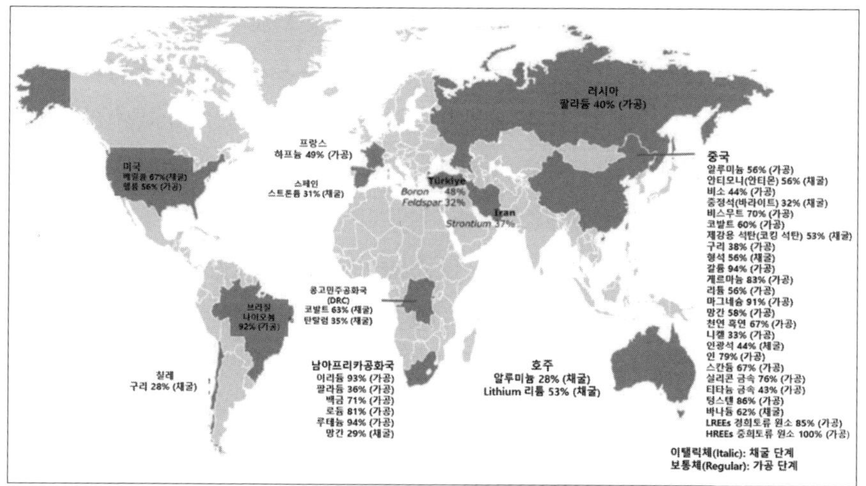

그림 9 · 유럽이 의존하는 핵심 광물 공급 지도.

출처: F. Ferreira de Castro et al.(2024), "Transição Energética para Fontes de Energia Renováveis e sua Dependência por Minerais Críticos: Aspectos Geoeconômicos", *IPEA*, p. 17.

응을 위한 녹색 전환이 역설적으로 또 다른 위험을 낳는다.

이 때문에 EU는 정기적으로 전 세계 광물 공급 현황을 조사해, 어떤 자원이 '핵심 광물'인지 지정한다. 단순히 공급 위험뿐 아니라 경제적 중요성, 대체 가능성, 재활용 가능성까지 함께 고려한다. 최근 조사에서는 중국이 경·중 희토류를, 칠레가 리튬을, 브라질이 나이오븀을 주도적으로 생산한다는 사실이 확인됐다(《그림 9》 참조).[18]

18) F. Ferreira de Castro et al.(2024), Ibid., p. 17.

결국, 에너지 전환의 본질은 자원의 전환이기도 하다. 청정에너지로 나아간다는 것은 단순히 새로운 기술을 도입하는 일이 아니라 누가 자원을 통제하고, 누가 새로운 시대의 공급망을 설계하느냐의 문제이기도 하다. 따라서 라틴아메리카는 풍부한 자원을 바탕으로 그 중심에 설 기회를 가진다. 그러나 그 기회가 진정한 자립의 길이 될지, 아니면 또 다른 의존의 덫이 될지는 지속 가능성, 주권, 정의로운 전환이라는 세 가지 과제에 어떻게 답하느냐에 달려 있다.

생태계의 실험실, 재생에너지

라틴아메리카는 지금, 지구의 미래를 실험하는 거대한 에너지 실험실로 떠오르고 있다. 이 지역은 전 세계에서도 손꼽히는 재생에너지 잠재력을 지닌다. 연구에 따르면 2030년까지 태양광과 풍력 발전 용량을 현재보다 460% 이상 확대할 가능성이 있으며 모든 신규 프로젝트가 실행될 경우 IEA가 설정한 2030년 재생에너지 목표를 초과 달성할 수도 있다.[19] 브라질, 파라과이, 콜롬비아는 대형 수력 댐을 중심으로 전력을 공급하고, 칠레의 사막은 세계 최고 수준의 일사량을 바탕으로 태양광 발전의 중심지로 부상

---

19) Sophia Bauer et al.(2023.03.), "A Race to the Top: Latin America", *Global Energy Monitor*, p. 3.

했다. 아르헨티나와 볼리비아는 풍부한 리튬 자원을, 멕시코는 강한 바람을 활용한 풍력 잠재력을 보유한다. 특히 브라질은 수력·바이오매스·풍력·태양광을 모두 활용하는 드문 나라로, 라틴아메리카 전체가 '에너지 전환의 시험대이자 세계 공급망의 전략적 거점'으로 자리 잡는다.[20]

라틴아메리카는 이미 전력의 약 70%를 재생에너지로 공급하는 청정 전력 지역이다. 다만 기후와 수문 조건은 지역별로 크게 갈린다. 콜롬비아, 페루, 에콰도르 같은 안데스 국가의 해안 지역은 강수량이 늘어날 것으로 보인다. 특히 에콰도르의 빠우떼(Paute) 강 유역은 비가 많아지면서 수력 발전 잠재력이 오히려 높아질 전망이다. 하지만 남아메리카의 다른 지역에서는 이야기가 그렇게 단순하지 않다. 브라질의 경우가 대표적이다. 미래 강수 패턴을 예측한 여러 기후 모델의 결과가 서로 달라, 불확실성이 여전히 크다. 남동부 지역의 강수량은 모델에 따라 -30%에서 +30%까지 차이가 났고, 아마존 지역 역시 더 건조해질 것이라는 분석과 오히려 습해질 것이라는 전망이 공존한다. 이처럼 지역별 강수 패턴이 극명하게 다르다는 사실은, 기후변화가 남미의 에너지 시스템에 미칠 영향을 단일한 시나리오로 설명하기 어렵게 만든다.[21]

또한 이면을 들여다보면, 각국의 에너지 전환 경로는 크게 다

---

20) 이미정(2022), 「에너지 패러다임 전환 궤도: 브라질 전력산업 편입의 함의」, 『라틴아메리카연구』 35(1), AJLAS, 9-10쪽.
21) IEA(2021,01.), op cit., pp. 11-12.

르다. 브라질과 콜롬비아는 여전히 수력에 크게 의존하고, 칠레는 태양광과 풍력을 중심으로 전력 구조를 재편한다. 멕시코는 화석연료 중심 체제에서 벗어나려 노력 중이며 우루과이와 코스타리카는 사실상 100% 재생에너지 달성 국가로 불린다. 이처럼 공통점과 차이를 동시에 보여주는 라틴아메리카는 기후위기에 대응하는 독자적 모델을 만든다(〈그림 10〉 참조).

기후 변동성의 핵심 동인인 엘니뇨-남방진동(El Niño-Southern Oscillation, 이하 ENSO)은 이러한 불확실성을 더 심화시킨다. ENSO는 적도 태평양의 해수면 온도가 대규모로 변동하면서 발생하는 자연 현상으로, 이에 수반되는 대기 순환 변화와 맞물려 나타난다. ENSO의 온난기인 엘니뇨(El Niño)와 냉기인 라니냐(La Niña)는 라틴아메리카 전역의 기온과 강수 패턴에 큰 영향을 미친다. 2015-2016년 발생한 엘니뇨는 1950년 이후 가장 강력한 세 차례 엘니뇨 중 하나로 기록되었으며 이미 기후변화로 강수량과 유출량이 감소하던 멕시코와 중미 지역에 극심한 가뭄을 초래했다. 반면 같은 시기 엘니뇨는 페루와 에콰도르에서는 홍수를 유발했는데, 이 지역들은 기후변화로 인해 이미 습윤화(humidification)가 진행되던 곳이었다.[22]

또한 '풍요'는 때로 '역설'이 된다. 이 지역은 풍부한 자원이 있음에도 불구하고, 여전히 외부의 기술과 자본에 크게 의존한다.

---

22) IEA(2021.01.), op. cit., pp. 12-13.

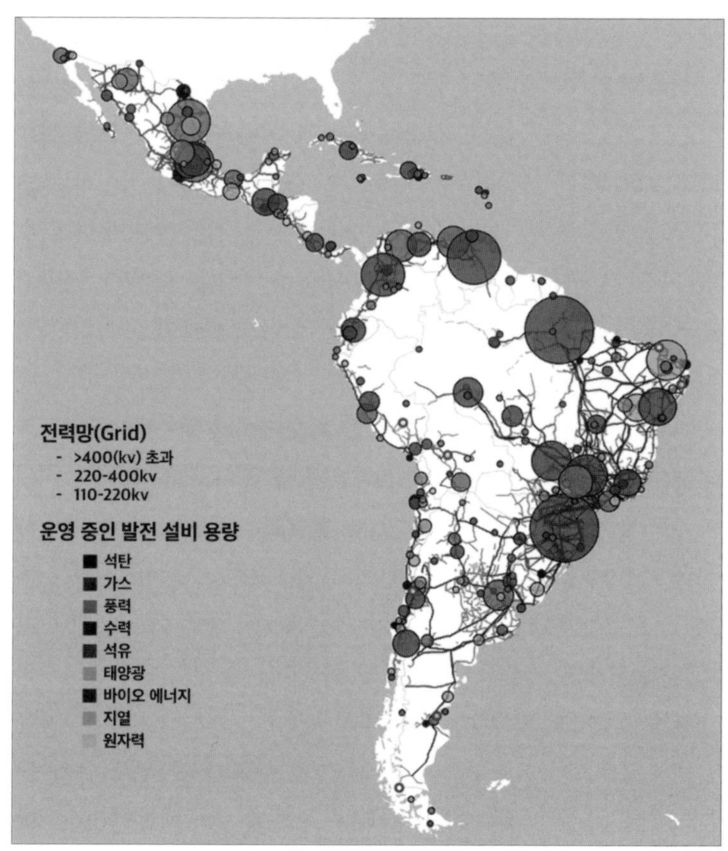

그림 10 · 라틴아메리카의 전력 계통망.

출처: IEA(2023), "Latin America Energy Outlook 2023".

리튬과 같은 전략 자원은 현지에서 채굴되지만, 부가가치는 대부분 해외에서 창출된다. 브라질, 칠레, 콜롬비아는 빠르게 풍력과 태양광 발전을 확대하며 지역의 선도국으로 떠올랐지만, 멕시코는 최근 정책 불확실성과 규제 강화로 인해 성장세가 둔화한다.

그런데도 라틴아메리카가 '청정에너지의 실험실'이라 불리는 이유는 따로 있다. 눈에 잘 보이는 풍력 터빈과 태양광 패널 뒤에는 보이지 않는 또 하나의 거대한 인프라, 바로 송전망이다. IEA는 송전망 투자가 지연될 경우 미래의 전력 시스템이 마비될 수 있다고 경고한다. 실제로 전 세계 곳곳에서 수많은 풍력·태양광 프로젝트가 완공 단계에 이르렀지만, 송전망 연결이 늦어 가동되지 못하는 사례가 적지 않다.[23]

지난 10년간 전 세계에서 150만 킬로미터가 넘는 송전선이 새로 건설되었지만, 재생에너지의 폭발적 성장 속도를 따라잡기에는 여전히 부족하다. 현재 약 1,650GW 규모의 프로젝트가 송전망 연결을 기다리며 이는 곧 깨끗한 전기가 생산되고도 버려진다는 뜻이다. 송전망은 단순한 전선이 아니다. 그것은 발전소와 도시, 수요와 공급을 잇는 '에너지 생태계의 혈관'이다. 아무리 많은 풍력과 태양광 발전소가 있어도 송전망이 부족하면 전기는 흐르지 않는다.

라틴아메리카도 이 병목을 피해 가지 못한다. 브라질, 칠레, 콜롬비아 등에서는 대규모 재생에너지 단지가 빠르게 늘지만, 이를 대도시와 산업 지역으로 보내는 송전 인프라 건설이 지연되고 있다. 환경 인허가 절차, 지역 사회 반대, 높은 투자 비용이 겹치면서 새로 완공된 발전소들이 전력을 생산하고도 시장에 공급하지 못하

---

23) IEA(2025.02.), "Building the Future Transmission Grid: Strategies to navigate supply chain challenges", pp. 7-10.

는 경우가 늘고 있다. 결국 이 지역의 에너지 전환은 기술 부족이 아니라 인프라 병목과 제도적 한계에 가로막혀 있는 셈이다.[24]

하지만 라틴아메리카는 단순히 '문제 지역'이 아니다. 이곳은 여전히 기후위기 대응의 실험장이자, 생태적 상상력이 살아 있는 지역이다. 전 세계 온실가스 배출 비중은 10%에도 미치지 않지만, 빙하 후퇴·가뭄·홍수·해수면 상승 등 기후변화의 충격은 누구보다 먼저 겪는다. 역설적으로, 이 같은 위기가 라틴아메리카를 새로운 해법의 발원지로 만든다.

칠레와 코스타리카는 전기버스·전기차 보급을 선도하며 교통 부문의 탈탄소화를 이끌고, 브라질과 콜롬비아는 농업 분야에서 재생 농업 모델(silvipastoril)을 발전시키며 토양 복원과 탄소 흡수를 동시에 달성한다. 또한 맹그로브, 습지, 아마존강 유역 같은 연안 및 내륙 생태계는 탄소를 저장하고 기후 충격을 완화하는 데 중요한 역할을 한다.[25]

라틴아메리카는 전 세계 배출 비중은 미미하지만, 오히려 전환을 선도하려는 시도가 두드러지는 지역이다. 이곳의 국가들과 지역사회는 풍부한 자연환경과 공동체의 지혜를 결합해, 세계에 새로운 기후 해법과 재생에너지 모델을 제시한다. 바로 이 점에서 라틴아메리카는 단순한 피해자가 아니라 기후위기 시대를 이끄는 실험자이자 선도자로 자리한다.

---

24) IEA(2025.02.), Ibid., pp. 11-12.
25) Alejandra Cuéllar(2022.08.26.), op. cit.

인프라 개발과 지역 내재화

라틴아메리카는 에너지에 대한 주민 통제권이라는 근본적 문제에 직면하며 중요한 갈림길에 서 있다. 이 지역 국가들은 오랫동안 '인프라 개발'을 곧 '주권(sovereignty)'의 문제와 연결 지어 왔다. 그러나 최근에는 발전소, 송전망, 배터리 공장에 이르기까지 외국 기업의 기술과 자본 의존이 빠르게 확대되고 있다. 과거에는 미국과 유럽이 주요 무역 상대였지만, 이제는 중국이 핵심 투자자이자 기술 제공자로 부상했다.[26] 이는 산업 발전의 역사 속에서 반복되어 온 의존 구조를 다시금 재현하며 결국 에너지 주권은 단순한 기술 문제가 아닌 정치적 선택의 문제로 부각된다.

지난 10여 년간 멕시코와 브라질은 각기 다른 제도와 자원 조건 속에서 서로 다른 에너지 전환의 경로를 밟아왔다. 멕시코는 2010년대 중반 이후 북부 따마울리빠스(Tamaulipas)주와 남부 오아하까(Oaxaca)주를 중심으로 대규모 풍력 단지를 조성하며 밤에도 발전이 가능한 풍력을 전력 안정성의 핵심으로 삼았다. 반면 브라질은 북동부 쎄아라(Ceará)주와 삐아우이(Piauí)주의 풍력 개발이 활발하지만, 남동부 미나스 제라이스(Minas Gerais)주에서는 태양광이 급속히 확산되었다. 특히 정부 인센티브를 바탕으로 가정용·

---

26) T.G.A. Nunes et al.(2023.11.), "Os Financiamentos Chineses em Energias Renováveis na América Latina e os Desafios das Mudanças Climáticas", *IPEA*, pp. 37-45.

소규모 분산형 발전이 폭발적으로 늘어나면서, 대형 발전소나 송전망 확충보다 지역 단위의 전력 자립에 초점이 맞춰진다.

멕시코는 제도적으로 용량 시장(capacity market)을 운영해 전력 수요가 가장 높은 100시간을 기준으로 발전소의 공급 능력을 평가·보상한다. 이 제도는 낮 시간대에만 발전이 가능한 태양광보다는 밤에도 바람이 부는 풍력에 유리하다. 반면 브라질은 발전소별 물리적 보장 제도를 통해 장기적인 공급 안정성을 중시하지만, 수력 의존도가 높아 가뭄에 취약한 구조를 안고 있다.[27]

이처럼 멕시코와 브라질은 모두 '풍력+태양광' 조합을 중심으로 에너지 전환을 추진하지만, 각국의 제도·입지·기후 조건이 결합하며 서로 다른 방향으로 진화한다. 멕시코는 풍력 중심의 제도적 유인과 북미 전력 시장과의 연결로 인해 외부 의존이 강화되는 반면, 브라질은 분산형 발전(DG) 확산 속에서 국가 차원의 송전망 통합이 더디게 진행된다.

결국 두 나라는 서로 다른 길을 걸으면서 공통된 딜레마에 직면해 있다. 단기적으로는 재생에너지 확대라는 성과를 얻었지만, 장기적으로는 인프라 균형이 약화하고 외부 기술과 자본에 대한 의존이 심화했다. 라틴아메리카의 에너지 전환이 진정한 '내재화'로 나아가기 위해서는, 단순히 발전 설비를 늘리는 것을 넘어 자국의 송전망과 기술 체계를 어떻게 지켜낼 것인가에 대한 전략적

---

27) E. Werlang et al.(2021), "Reliability Metrics for Generation Planning and the Role of Regulation in the Energy Transition: Case Studies of Brazil and Mexico", *MDPI*.

실현이 필요하다(〈표 2〉 참조).

구분	브라질	멕시코
전력 구조	전력의 60% 이상이 재생에너지 기반 (주로 수력)	화석연료 의존도가 높지만, 재생에너지(풍력, 태양광) 확대 중
주요 자원	세계 최대 규모의 수력 발전소 보유, 전력 공급 안정성 높음	풍력 잠재력은 북부·남부에, 태양광 잠재력은 중부에 집중
분산형 발전(DG)	최근 몇 년간 지붕형 태양광 급성장, 정부 인센티브와 직결	주거·중소기업·농업용 DG에 보조금, 금융 지원 제도 존재
규제 제도	발전소별 물리적 보장 제도로 공급 안정성 관리	용량 시장(Capacity Market) 운영, 매년 전력 수요가 가장 높은 100시간 기준으로 보상
에너지 시장	대규모 수력 발전으로 단기 수요 변동을 흡수, 별도 배터리 필요성 낮음	배터리 보급은 초기 단계, 태양광·풍력 보완용으로 논의 중
전력 신뢰성 관리	장기 에너지 생산량 기준으로 평가, 피크 수요 고려는 아직 제한적	'주요 시간대(100시간)' 중심으로 신뢰성 평가, 전통 발전원에 유리

표 2 · 브라질과 멕시코의 전력 시스템 현황.

출처: Werlang et al.(2021), "Reliability Metrics for Generation Planning and the Role of Regulation in the Energy Transition: Case Studies of Brazil and Mexico", *MDPI*, passim.

브라질과 멕시코는 모두 태양광과 풍력 잠재력이 큰 나라다. 그러나 어떤 발전원이 실제로 경쟁력을 갖게 되는지는 천연가스 가격에서 갈라진다. 브라질은 액화천연가스(Liquefied Natural Gas, 이하 LNG)를 수입해야 해서 수송 과정에서 손실과 추가 비용이 붙는다. 반대로 멕시코는 미국에서 파이프라인으로 직접 가스를 들여오기 때문에 훨씬 낮은 가격에 안정적으로 공급받을 수 있다. 이런 차이가 결국 두 나라의 전력 구성에서 어떤 조합이 유리한지에 중요한 변수가 된다.

브라질과 멕시코는 모두 천연가스를 주요 전력원으로 사용하지만, 그 구조와 의존도는 다르다. 브라질은 동부·남동부의 가스관망, 자국 해상 가스전, 볼리비아 파이프라인을 통해 내수를 충당하며 LNG 수입은 보조적 성격에 그친다. LNG는 가격 변동성이 커 부족분을 메우는 용도로만 활용된다. 반면 멕시코는 북쪽 국경을 통해 미국과 대규모 파이프라인으로 연결되어 있어 값싸고 안정적인 북미산 가스를 직접 공급받는다. 덕분에 LNG 수입 의존도가 낮고, 천연가스 발전의 경쟁력은 높다. 결국 두 나라의 전력 구성에서 가스의 위치를 결정하는 것은 단순한 매장량이 아니라 공급 경로와 비용 구조이다.

무엇보다 에너지 전환의 진짜 과제는 '값'이 아니라 '안정성'에 있다. 태양은 구름에 가려지고 바람은 멎을 수 있다. 이런 불규칙성을 조정하는 능력이 시스템의 핵심이다. 브라질은 풍부한 수력으로 낮과 밤의 수요 변화를 흡수해 왔고, 멕시코는 용량 시장 제도를 통해 1년 중 수요가 가장 높은 100시간 동안 발전소의 공급 능력을 평가·보상한다. 그 결과 밤에도 발전 가능한 풍력과 가스 발전이 확대됐지만, 낮에만 작동하는 태양광은 성장에 제약을 받았다.[28]

---

28) Werlang et al.(2021), Ibid., pp. 5-24.

제도의 차이는 분산형 발전에서도 드러난다. 브라질은 분산형 태양광에 세금·송전 요금 감면 등 강력한 인센티브를 제공해 상업·산업 부문 중심으로 확산이 빨랐다. 그러나 이는 대규모 발전소나 송전망 확충보다 개별 단위의 설치에 치우치게 했다. 멕시코는 중소기업·농업·저소득층 대상 보조금과 금융 지원으로 태양광 보급을 촉진했지만, 배전망 보강 비용은 신청자가 부담해야 했다. 두 나라 모두 제도적 균형을 모색했으나, 지역 전체 한계를 보완하기 위해 각국 정부는 외국 투자와 기술을 유치하는 환경 조성에 집중한다.

인프라 개발은 과거의 공공 주도 방식에서 벗어나 정부는 방향을 제시하는 매개자로, 민간 기업은 투자와 효율성의 주체로 자리했다. 이 과정에서 인프라 사업의 결정권은 점차 다국적 기업의 이해관계로 이동했고, 외부 논리가 내부 체계에 영향을 미치는 구조가 형성되었다.[29] 결과적으로, 공공 인프라 개선의 권한이 정부에서 외부 세력으로 옮겨 가며 에너지 전환은 또 다른 형태의 의존 구조를 낳는다. 과거에는 석유·가스 공급망에, 이제는 태양광 패널·배터리·희토류 같은 신 공급망에 기대는 방향으로 전환됐다.[30]

그러나 라틴아메리카는 내재화(internalización)를 향한 새로운 움직임을 보인다. 여러 나라가 풍력 타워·송전 케이블·인버터 등

---

29) Luiz Fernando Nova Garzon(2008), "Infra-estrutura no Brasil: em busca da subalternidade cosmopolita", *Correio da Cidadania*,
30) Ember(2023); IPEA(2025), p. 40.

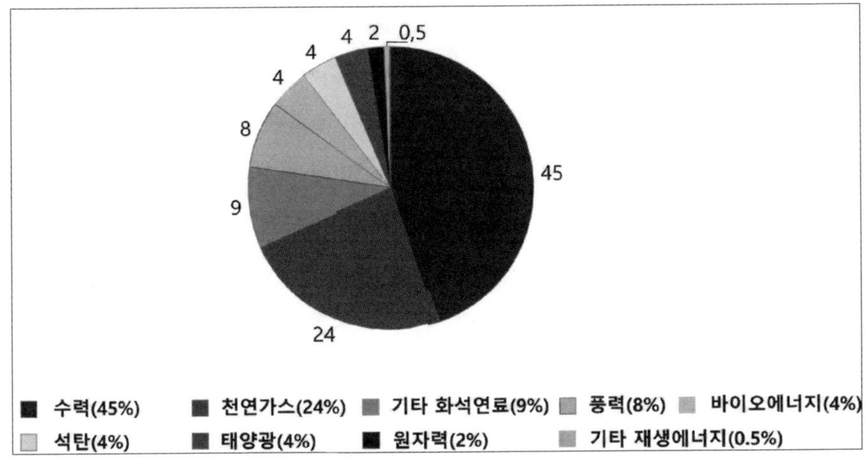

그림 11 · 라틴아메리카 전력 생산 구성(2023, %).

출처: Ember(2023); IPEA(2025), "A China Pode Afetar a Transição Energética do Fórum
Econômico Mundial", p. 40.

핵심 기자재를 현지 생산하려 시도하며 일부는 국내 부품 비중
(Local Content)을 의무화하거나 국산 장비 사용에 인센티브를 부여
한다. 브라질은 풍력 타워의 70% 이상을 자국 내 생산하고, 멕시
코와 칠레도 태양광 모듈 조립 라인을 유치하며 산업 생태계를 확
장 중이다.[31]

이런 시도들은 단순히 제조 설비를 늘리는 것을 넘어 공급망

---

31) IEA(2025.06.12.), "Blueprint for Action on Just and Inclusive Energy Transitions",
pp. 77-79. IRENA(2024), "Renewable Energy and Jobs: Annual Review 2024", pp.
18-22.

주권을 회복하려는 노력이다. 지역 내에서 송전선·변압기·배터리를 생산하고 유지·보수 역량을 키우면, 외부 의존을 줄이면서 고용과 기술 축적을 동시에 이룰 수 있다. 이런 기반은 다른 산업으로 확산해 장기적으로 '자립적 에너지 전환'의 초석이 된다(〈그림 11〉 참조).

과거의 공공 주도형 인프라가 이제는 민간 투자와 기술 혁신이 결합한 하이브리드 모델로 전환된다. 친환경 규제와 디지털 기술이 결합하면서, 에너지 인프라는 단순한 설비가 아니라 스마트 운영 체계로 진화한다. 건설보다 유지·보수, 운영, R&D, 금융 설계 등 '소프트 영역'의 경쟁력이 더 중요해졌고, 이를 선점한 기업들이 라틴아메리카의 에너지 구조를 바꾼다.

하지만 에너지는 단순한 상품이 아니라 사회의 기반이며 공공재다. 효율성만으로는 형평성과 안정성을 보장할 수 없다. 칠레의 민영화 사례는 요금 격차, 송전망 투자 부족, 기후 리스크 취약성 등 시장 중심 전환의 한계를 드러낸다. 라틴아메리카가 '시장 효율성'과 '공공성 보장' 사이에서 균형을 찾는 일은 여전히 진행 중이다. 지속 가능한 에너지 전환은 기술의 문제가 아니라 사회적 선택의 문제이다. 진정한 내재화를 위해서는 외부 자본을 배제하기보다, 자국 산업과 제도를 스스로 설계하고 협력의 조건을 재정립하는 것이 중요하다. 그것이야말로 외부 의존을 줄이고 지속 가능한 협력 관계로 나아가는 길이다.

제 5 장

라틴아메리카의 에너지 전환과 새로운 균형

라틴아메리카는 청정에너지 잠재력과 지속가능성 모두에서 두 각을 나타내는 지역이다. 브라질, 우루과이, 코스타리카, 칠레는 이미 재생에너지 비중이 매우 높아 세계적인 선도국으로 평가받는다. 현재 이 지역의 에너지 매트릭스에서 화석연료 의존도는 약 3분의 2로, 세계 평균인 80%보다 낮다. 그 덕분에 라틴아메리카는 기후 목표 달성을 위한 '전환의 모범 지역'으로 주목받는다.

지난 20여 년간 전력 생산 구조는 큰 변화를 겪었다. 2000년 60%에 달했던 수력 발전의 비중은 2022년 45%로 줄었고, 대신 태양광과 풍력이 빠르게 성장해 전체의 12%를 차지했다. 바이오에너지도 2%에서 4%로 늘어났다. 천연가스 사용이 두 배 가까이 증가한 것도 눈에 띈다. 천연가스는 석탄과 석유를 대체하는 비교

적 청정한 연료로서, 전력망의 안정성을 높이는 동시에 온실가스 배출 강도 역시 크게 낮춘다.[1]

풍력 설비는 2015년 이후 세 배로 늘었고, 태양광은 46GW 규모로 확대되며 가장 빠르게 성장한 청정전원이 되었다. 브라질, 멕시코, 칠레가 그 중심에 있고, 아르헨티나와 우루과이도 빠른 속도로 따라잡는다. 파라과이, 코스타리카, 우루과이는 이미 전력의 거의 100%를 재생에너지로 공급하며 콜롬비아도 태양광·풍력 중심의 전환을 본격화한다.[2] 2022년 기준 라틴아메리카와 카리브 지역(LAC)의 전체 전력 중 약 61%가 재생에너지에서 생산됐다. 이 가운데 수력이 45%, 풍력 8%, 태양광 4%, 바이오에너지가 4%를 차지했다. 원자력은 2%, 화석연료는 36% 수준으로, 천연가스가 그중 24%를 차지한다. 전력 생산의 탄소 배출 강도는 kWh당 215g CO_2로, 세계 평균의 절반 이하다. 즉 이 지역의 전력 시스템은 세계에서 가장 '청정한' 체계 중 하나로 꼽힌다.[3]

국가별로 보면 차이가 더 뚜렷하다. 브라질, 콜롬비아, 코스타리카, 에콰도르, 파나마, 파라과이, 베네수엘라는 전력의 60% 이상을 수력에서 얻는다. 반면 칠레와 우루과이는 풍력, 태양광의 비중이 25-35%에 이르며 아르헨티나, 멕시코, 브라질 일부 지역은 원자력이나 천연가스의 비중이 높다. 카리브 국가들은 여전히

---

1) IPEA(2025.01.), "A China Pode Afetar a Transição Energética do Fórum Econômico Mundial", pp. 38-41.
2) IPEA(2025.01.), Ibid., pp. 41-42.
3) IEA(2023.11.), op. cit., p. 42.

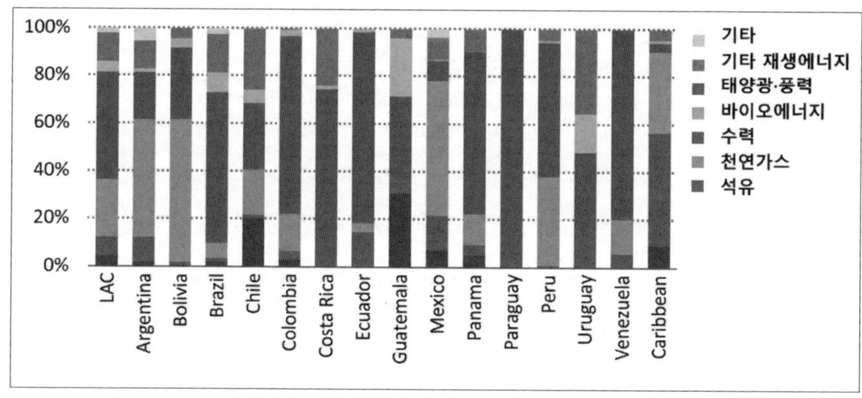

그림 12 · 발전원별 전력 생산 비중(라틴아메리카 주요 국가, 2022).

'기타 재생에너지'에 지열, 집광형 태양열(CSP), 해양에너지가 포함되고, '기타'에 원자력, 비재생성 폐기물, 그 밖의 기타 발전원이 포함된다.
출처: IEA(2023.11.08.), "Latin America Energy Outlook", *World Energy Outlook Special Report*, p. 42.

전력의 35% 이상을 화석연료에 의존하고, 천연가스, 석탄, 석유가 주요 발전원으로 남아 있다. 특히 수력은 여전히 핵심이다. 라틴아메리카의 전력 중 약 45%가 수력에서 나오는데, 이는 전 세계 110여 개국보다 높은 수준이다. 콜롬비아, 코스타리카, 에콰도르, 파나마, 파라과이는 수력 의존도가 60%를 넘는다. 다만 기후변화로 인한 강수 패턴 변화는 향후 수력 발전의 불안 요인이 될 수 있다(⟨그림 12⟩ 참조).[4]

---

4) IEA(2023.11.), op. cit., pp. 42-43.

최근 몇 년간은 전력 구성이 새로운 전환점을 맞이하는 시기로 평가된다. 이제 신규 발전 설비의 절반 이상이 풍력과 태양광으로 채워지며 석탄과 석유 발전은 사실상 정체 상태다. 천연가스 발전도 점차 축소된다.[5] 세계적으로도 2024년은 전환의 해였다. 사상 처음으로 저탄소 전원(재생에너지+원자력)의 비중이 전체 전력의 40%를 넘어섰고, 그중에서도 풍력과 태양광이 수력을 처음으로 추월했다. 태양광은 3년 만에 발전량이 두 배로 늘어 2,000TWh를 돌파했고, 전 세계 설비 규모는 단숨에 1TW에서 2TW로 확대되었다.[6]

라틴아메리카는 이 세계적 흐름 속에서 중요한 축을 맡는다. 브라질이 대규모 태양광, 풍력 설비 계획 217GW로 압도적인 1위를 기록하며 '지역의 재생에너지 엔진'으로 자리 잡았다. 뒤를 칠레(38GW), 콜롬비아(37GW), 페루(10GW), 멕시코(7GW)가 잇는다. 이미 가동 중인 설비 기준으로는 브라질(27GW), 멕시코(20GW), 칠레(10GW), 아르헨티나(5GW), 우루과이(2GW)가 상위권이다. 즉 각국은 서로 다른 출발선에서 에너지 전환을 향해 나아가지만, 방향은 하나, 청정에너지 확대다(〈그림 13〉 참조).[7]

브라질은 잠재력과 운영 규모 모두에서 확실한 우위를 보이며

---

5) IEA(2023.11.), op. cit., p. 43.
6) Ember(2024), "Global Electricity Review 2025", pp. 6-8.
7) Global Energy Monitor(2023), "A Race to the Top: Latin America: Wind and solar utility-scale buildout gains speed in Brazil, Chile and Colombia, while Mexico falls behind", Table 2, p. 7.

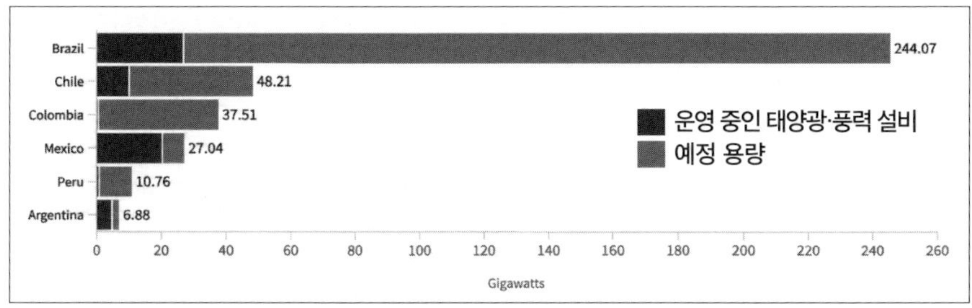

그림 13 · 라틴아메리카의 재생에너지 리더의 대규모 태양광·풍력 설비 운영 및 예정 용량.

출처: Global Energy Monitor(2023), "A Race to the Top: Latin America: Wind and solar utility-scale buildout gains speed in Brazil, Chile and Colombia, while Mexico falls behind"(검색일: 2025.08.15.)

칠레와 콜롬비아는 정책적 지원과 제도 개혁으로 빠르게 추격 중이다. 반면 멕시코는 정책 불확실성과 투자 제약으로 성장세가 둔화하며 뒤처지는 모습이다. 이러한 격차는 단순한 설비 규모의 차이가 아니라, 국가별 정책 방향과 제도적 뒷받침 여부에 따라 라틴아메리카 에너지 전환의 성패가 갈린다.[8]

재생에너지 확대와 자생력

라틴아메리카의 국가별 전력원 구성은 다양한 양상을 보인다. 전력 산업에서 재생에너지 비중을 높이는 새로운 에너지 패러다

---

8) Global Energy Monitor(2023), Ibid.

임은 역동적인 재생에너지 시장을 보유한 라틴아메리카 지역에 매우 적합하다. 청정에너지 기술의 현지 제조를 육성하는 것은 자원이 풍부한 국가들이 혜택을 자체적으로 보유할 수 있도록 한다. 현재 중국을 제외한 EMDE에서 청정에너지 일자리의 40%가 창출되지만, 이들 일자리는 주로 원자재 채굴과 같은 부가가치가 낮은 공급망 단계에 집중되어 있다. 전반적으로 청정에너지가 이들 국가의 경제 성장 전반에서 차지하는 비중은 중국이나 선진국에 비해 작다. EMDE는 원자재 분야에서 상당한 일자리 점유율을 확보했으나, 특히 아프리카 같은 일부 지역은 아직 청정에너지 제조 부문에서 입지를 확보하지 못했다.

이러한 배경에서 세계는 지역 내 경제 수익과 일자리 성과를 유지하는 데 중점을 두고 현지 제조 기업의 발전과 성장을 지원한다. 여러 국가에서는 광물 기업이 현지에서 생산된 상품과 서비스를 조달하도록 요구하는 로컬 콘텐츠(Local Content) 정책을 채택해 부가가치를 지역 내에 남기는 방식을 활용한다. 예컨대 남아프리카공화국에서는 총서비스 지출의 80%를 자국 기업에서, 광산 관련 상품 지출의 70%를 국내 제조 상품으로 충당하도록 규정한다.[9]

2023년 현재 청정에너지 제조 시설의 세계적 분포를 보면, 공급망의 불균형이 매우 뚜렷하게 드러난다. 특히 신재생에너지를

---

9) IEA(2025.06.12.), "Blueprint for Action on Just and Inclusive Energy Transitions", pp. 77-79.

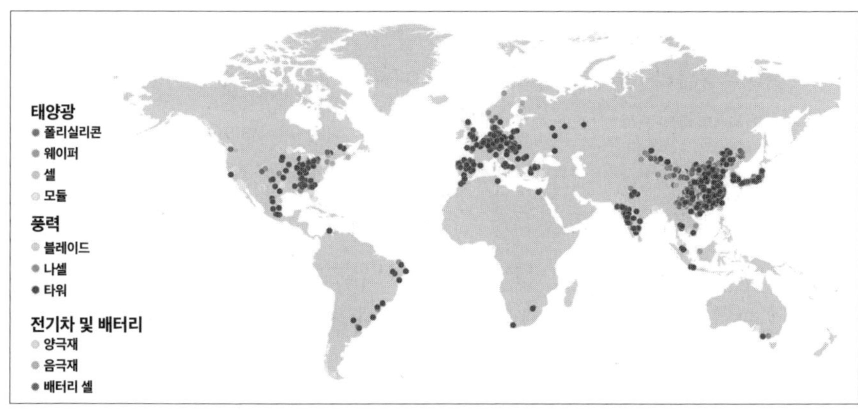

그림 14 · 가동 중인 청정에너지 제조 시설 분포(2023).

출처: IEA(2025.06.), "Blueprint for Action on Just and Inclusive Energy Transitions", p. 78.

중심으로 태양광·풍력·전기차 배터리 등 핵심 산업의 생산 기지
는 주로 아시아, 특히 중국에 집중되어 있으며 유럽과 미국이 그
뒤를 잇는다. 중국은 태양광 밸류 체인 전 단계──폴리실리콘에서
모듈까지──를 사실상 독점하다시피 하며 배터리의 양극재·음극
재·셀 제조에서도 절대적인 비중을 차지한다. 한국과 일본은 배
터리 소재와 셀 분야에서 중요한 역할을 맡고, 인도는 태양광 모
듈과 풍력 부품에서 성장세를 보인다(〈그림 14〉 참조).

유럽은 오랜 기간 풍력 산업을 육성해 온 만큼 블레이드, 나셀,
타워[10] 등 풍력 부품 제조에서 강세를 유지한다. 동시에 아시아

---

10) 블레이드(Blade), 나셀(Nacelle), 타워(Tower)는 풍력 발전기의 주요 부품으로, 블
레이드는 바람을 직접 받아 회전하는 날개이고, 나셀은 이 회전력을 전기로 전환하는

에 크게 의존해 온 배터리 공급망을 유럽 내에서 재구축하기 위해 '유럽 배터리 연합(European Battery Alliance, EBA)' 전략을 추진 중이다. 미국 역시 인플레이션 감축법(IRA)을 계기로 자국 내 제조 역량을 강화하며 풍력 타워와 태양광 모듈 생산[11]에서 활발한 투자가 이루어지고 있다.[12]

아프리카는 리튬, 코발트, 망간 등 자원 부국 지역임에도 불구하고 실제 제조 시설은 극히 제한적이다. 이 지역은 주로 원자재 공급에 머무르는 데 반해 라틴아메리카의 경우, 상황은 조금 복합적이다. 브라질은 풍력 부품—특히 타워와 블레이드—제조에 있어 남미의 선도적 위치를 차지하며 자국의 풍력 단지 개발과 맞물려 관련 산업 생태계를 형성한다. 멕시코는 미국과 지리적으로 밀접한 이점을 활용해 태양광 모듈 조립의 거점으로 성장할 가능성이 크다.

그러나 라틴아메리카는 여전히 태양광 패널이나 배터리 같은 첨단 제조 분야에서는 한발 늦어 대부분 원자재를 공급하거나 완제품의 단순 조립 단계에 머무는 경우가 많다. 풍부한 자원을 지녔으나 제조 가치 사슬에서 차지하는 비중이 크지 않다는 점은 이

동력 장치실로 타워 꼭대기에 위치하며 타워는 블레이드와 나셀을 지탱하는 높은 기둥이다.
11) 태양광 발전에서 폴리실리콘, 웨이퍼, 셀, 모듈은 태양광 패널을 만드는 기본 공정을 이룬다. 폴리실리콘은 태양광의 원재료인 고순도 실리콘이며 웨이퍼는 이를 얇게 잘라낸 판으로 태양전지의 기반이다. 셀은 웨이퍼에 전극을 입혀 만든 전기 생산의 최소 단위이고, 모듈은 여러 셀을 연결·봉합해 완성된 태양광 패널이다.
12) IEA(2025.06.12.), Ibid.

지역이 앞으로 산업 정책을 통해 도약할 여지가 크다는 점과 동시에 현재 한계를 잘 보여준다. 세계 청정에너지 공급망의 공간적 불균형 상태에서 아시아, 특히 중국이 제조의 중심을 장악했지만, 라틴아메리카와 아프리카는 여전히 원자재 공급지로 머물러 있는 현실이다. 하지만 동시에, 브라질이나 멕시코 같은 국가들은 새로운 정책적 선택과 국제 협력을 통해 제조 허브로 도약할 여지가 있다는 점에서 향후 변화에 주목할 만하다.[13]

라틴아메리카는 전 세계에서 재생에너지 발전이 활발히 이루어지는 지역 중 하나이다. 라틴아메리카 전력 시스템에서 재생에너지의 분포는 국가별로 다양하지만, 여러 나라들이 태양광, 풍력, 수력, 지열 및 청정수소 등 다양한 재생에너지 인프라를 확대하며 특히 수력 발전이 많은 국가에서 주요 에너지원으로 자리 잡는다. 풍력과 태양광 발전도 빠르게 성장하는 추세이며 재생에너지의 비율을 높이기 위한 다양한 정책이 추진 중이다(〈그림 15〉 참조).

그런데도 기온과 강수량 추세에서 나타나는 기후변화는 수력 발전에 대한 위험 수준을 높일 수 있다. 기온 상승, 강우 패턴의 변동, 빙하 융해, 홍수와 가뭄과 같은 극한 기상 현상의 증가 등은 하천 유량과 수자원 가용성에 큰 영향을 미치며 이는 결과적으로 수력 발전에 영향을 준다. 관측과 전망에 따르면, 기후 재해는 라틴아메리카 전역에 고르게 분포하지 않으리라 예측한다. 일부 지

---

13) IEA(2025.06.12.), Ibid.

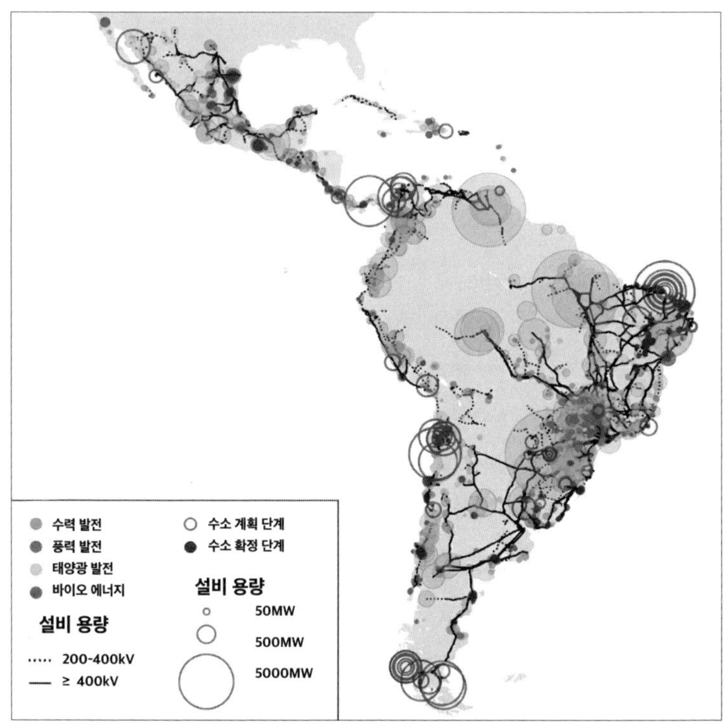

그림 15 · 라틴아메리카의 재생에너지 전력 지형도.

출처: IEA(2024.10.); Open infra map(2023), Electricity grids; Global Energy Monitor(2022); Global renewable power tracker; 재인용 Day, Paul(2024. 10.22.), "Chile leads Latin American push to clean hydrogen".

역은 21세기 말에 건조화가 심화할 수 있지만, 다른 지역은 폭우가 늘 수 있다. 이처럼 지역별 기온과 강수량 추세의 차이는 라틴아메리카 수력 발전에 상이한 기후 재해를 초래할 가능성이 있기 때문에 재생에너지 범위 및 생산 확대와 각 국가의 자생력 확보는

필수적이라 할 수 있다.[14]

국가별 전력 계통의 변화

유리한 자연 조건과 청정에너지 투자 확대로 라틴아메리카는 세계 에너지 전환의 핵심 무대로 떠올랐지만, 지역 간 격차와 자금 조달, 제도적 신뢰 부족, 일부 국가의 정책 후퇴 위험이 과제로 남아 있다. 칠레와 멕시코는 규제 개방과 투자 유치로 각각 세계 최고 수준의 태양광·풍력 발전 단가를 기록하고, 브라질은 광활한 국토와 안정적 송전망을 기반으로 풍력·태양광 설비를 대규모로 확장 중이다. 빠따고니아와 콜롬비아의 과히라(Guajira), 멕시코 남부 등은 세계에서 가장 강한 바람, 칠레 북부, 멕시코 북부와 페루 남부는 최고 일사량을 자랑하는 지역으로 꼽힌다. 석유 의존에서 벗어나 에너지 주권과 산업 경쟁력을 확보하려는 시도가 본격화되며 풍부한 천연 조건과 청정에너지 투자 확대로 라틴아메리카는 세계 에너지 전환의 핵심 무대로 떠오른다.[15]

라틴아메리카의 에너지 전환을 이해하려면 단순히 '발전소가 얼마나 세워졌는가?'만 봐서는 부족하다. 전기를 실어 나르는 송

---

14) IEA(2021.01.), op. cit., p. 11.
15) Ignacio Fariza(2018.11.22.), "A segunda Revolução renovável da América Latina", *El País*.

전망이야말로 눈에 잘 띄지 않지만, 에너지 주권을 지탱하는 뼈대이자 약점이다. 브라질이 아마존의 수력 전기를 수천 킬로미터 떨어진 상파울루(São Paulo)로 보내는 일, 칠레가 북쪽 사막의 태양광과 남쪽의 풍력을 하나의 국가망으로 묶으려는 시도는 모두 그 단면을 보여준다. 콜롬비아 역시 보고따(Bogotá)와 카리브 해안 도시까지 전력을 실어 나르기 위해 장거리 송전선에 크게 의존하며 과히라 지역의 풍력·태양광 개발은 송전망 지연으로 발목이 잡혀 있다. 페루는 가스와 수력 자원이 내륙에 분산되어 있지만, 정작 전력 수요는 리마(Lima)와 해안 도시들에 몰려 있어 송전망 확충이 더디게 진행되는 상황이다. 반면 아르헨티나와 멕시코에서는 발전은 늘어나는데 송전선이 따라주지 않아, 값싼 재생에너지가 버려지거나 낭비되는 일이 잦다. 송전망의 빈틈은 단순한 기술 문제가 아니라 누가 인프라를 통제하고 이익을 가져가느냐는 경제 정치적 문제로 이어진다.

멕시코는 광활한 풍력과 태양광 자원을 보유한 국가로, 북부·중부 지역에서 재생에너지 발전이 빠르게 확대된다. 송전망은 연방전력공사(Comisión Federal de Electricidad, 이하 CFE)가 중앙집중적으로 운영하며 제도적 통일성과 기술 관리 능력이 높은 편이다.[16] 그러나 송전 인프라 확충이 발전 속도를 따라가지 못하면서 재생

---

16) Cenace(2024), "Programa de Ampliación y Modernización de la RNT y de los elementos de las RGD que correspondan al MEM(PAMRNT) 2024-2038", *Documento autorizado por la Secretaría de Energía*, pp. 24-26.

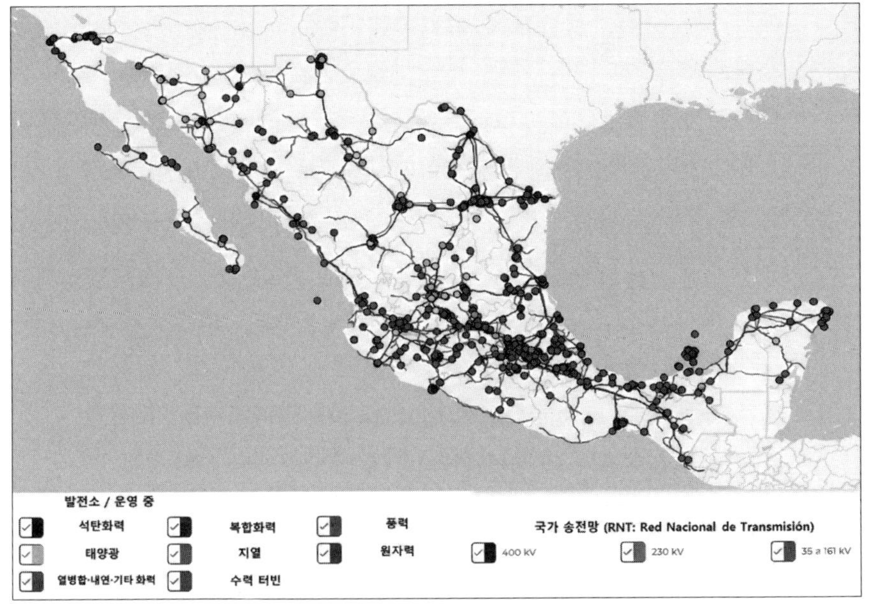

그림 16 · 멕시코 전력 계통 현황: 운영 중인 발전소와 국가 송전망.

출처: Gobierno de México(2022.12.), "Visor de infraestructura eléctrica (Plantas en operación y RNT)", PLANEA·S – Conahcyt, mapa base © OpenStreetMap contributors, © Carto.

에너지 발전량의 전송 제약이 커진다. 북부의 발전소와 중부·남부의 수요 중심지를 연결하는 송전 병목 현상이 주요 과제이며 인허가 지연과 토지 사용 분쟁이 투자를 늦춘다. 특히 북부와 유까딴반도에는 태양광과 풍력 자원이 풍부하지만, 수도권과 중부 산업 지대는 여전히 화석연료 중심의 전력망에 의존한다. 재생에너지 발전소가 늘어나도 송전망이 연결되지 않으면 전력은 현지에서만 소비되거나 버려질 뿐이다. 더구나 멕시코 전력망은 국영 기업 멕시코 CFE가 강하게 통제해 민간·외국 자본의 참여가 제한되는 경우가 많다. 이 구조는 송전망을 둘러싼 정치적 긴장을 더욱 부각시킨다(〈그림 16〉 참조).

멕시코의 전력 시스템은 라틴아메리카에서 가장 중앙집중적인 구조를 보인다. 송전과 변전 인프라의 소유 및 운영권이 모두 CFE에 집중되어 있으며 정부는 이를 국가 안보의 핵심 영역으로 간주한다. 과거 '국가 전력 통합 모델'은 안정적 공급과 저렴한 요금이라는 성과를 가져왔으나, 동시에 경쟁 부문을 억제하고 기술 혁신의 속도를 늦추는 한계를 드러냈다. 2013년 에너지 개혁을 통해 민간 발전 사업자의 참여가 허용되었지만, 2018년 이후 공공 중심의 에너지 주권 노선이 강화되면서 개혁의 흐름은 다시 후퇴하는 양상이다.[17]

이러한 제도적 경직성 속에서 멕시코 전력망은 '통제와 병목'이라는 이중적 현실을 보여준다. 북부의 소노라(Sonora), 꼬아우일라(Coahuila), 따마울리빠스(Tamaulipas) 등지는 풍력과 태양광 단지가 급증했지만, 생산된 전력이 수도권이나 중부 산업 지대로 원활히 송전되지 못한다. 반대로 수도권과 중부는 여전히 천연가스 및 석탄 중심의 발전 비중이 높다. 그 결과 전력 잉여 지역과 전력 부족 지역이 동시에 존재하는 구조적 불균형이 나타난다.

송전선 건설에는 복잡한 인허가 절차와 지역 주민, 토지 소유

---

17) MBN(2025.09.02.), "Mexico's Transmission Network Grew 3.8%; Energy Demand Grew 15%".

자, 환경 단체 간의 이해관계가 얽혀 있다. 유까딴반도에서는 송전선 경로를 둘러싼 환경 분쟁이 빈번하고, 북부에서는 사유지 보상 문제로 공사가 지연되기 일쑤다.[18] 여기에 CFE가 공공 통제를 명분으로 민간 발전 사업자의 송전망 연결을 제한하는 조치를 취하면서 외국인 투자자의 진입 장벽이 높아진다. 이러한 긴장은 단순한 행정 문제가 아니라 에너지 주권을 둘러싼 정치적 문제로 비화한다.[19]

최근 정부는 CFE 산하에 '시장정보 및 분석부(Departamento de Inteligencia y Análisis de Mercados, DIAM)'를 신설하고, 발전·송전 부문 조직을 재편했다. 동시에 멕시코석유연구소(Instituto Mexicano del Petróleo, IMP), 천연가스통제센터(Centro Nacional de Control del Gas Natural, CENAGAS) 등도 구조 개혁을 단행했다. 이는 재생에너지 확대와 송전망 현대화를 추진하되, 핵심 통제권은 국가가 유지하겠다는 정책 기조의 연장선에 있다.

결국 멕시코의 전력 계통은 풍부한 자원과 강한 통제라는 두 얼굴을 동시에 지닌다. 국가 중심의 통제 모델은 안정성을 제공하지만, 재생에너지의 성장을 지연시키는 제약이다. 송전 인프라의 병목이 완화되고 민관 협력이 복원될 때, 멕시코는 북미 전력 시

---

18) AP News(2025.09.27.), "Power outage hits three states in southeast Mexico, president says".
19) Hernán González Estrada(2024.02.06.), "Reformas a la Ley de la Industria Eléctrica son Declaradas Inconstitucionales", *Norton Rose Fulbright*.

장 속에서 새로운 균형점을 모색할 가능성이 있다.[20]

콜롬비아의 전력 체계는 거대한 수력 발전소를 중심으로 짜여 있다. 산악 지대와 평야를 가로지르는 강줄기 위에 설치된 댐들은 국가 전력의 뼈대를 이루며 산까를로스(San Carlos)와 과비오(Guavio) 같은 대형 수력 발전소는 각각 1GW가 넘는 전력을 생산한다. 이 전기는 산악 지대에서 수도 보고따와 북부의 산업 도시로 이어지는 송전선을 따라 흐르며 남미에서 비교적 안정적인 전력 공급망을 구축해 왔다. 그러나 산악 지형과 원거리 송전망 유지 비용은 여전히 큰 부담이며 기후변화로 인한 가뭄은 수력 발전에 직접적인 위협이다(〈그림 17〉 참조).

콜롬비아의 국가 송전망은 약 28,000킬로미터에 달하는 송전선으로 구성되어 있다. 현재 16개의 송전망 운영사(transcos)가 존재하며 이들이 자국 내 송전망을 소유하고 운영한다. 이 가운데 약 70%는 국영 기업 ISA(Interconexión Eléctrica S.A. E.S.P., 이하 ISA)가 관리한다.

2001년 이전에 건설된 송전선은 모두 규제 대상이며 1999년 이후 콜롬비아 정부는 송전망 입찰 제도(auction)를 도입해 신규 사업자와 기존 운영사가 경쟁적으로 참여하는 구조를 마련했다.[21]

2023년 기준 콜롬비아 전력의 약 69%는 수력, 28%는 화석연료

---

20) Mexico Energy(2025), "Power Grid Instability in Mexico: A Threat to Industrial Operations".
21) IEA(2023), "Colombia 2023: Energy Policy Review", p. 80.

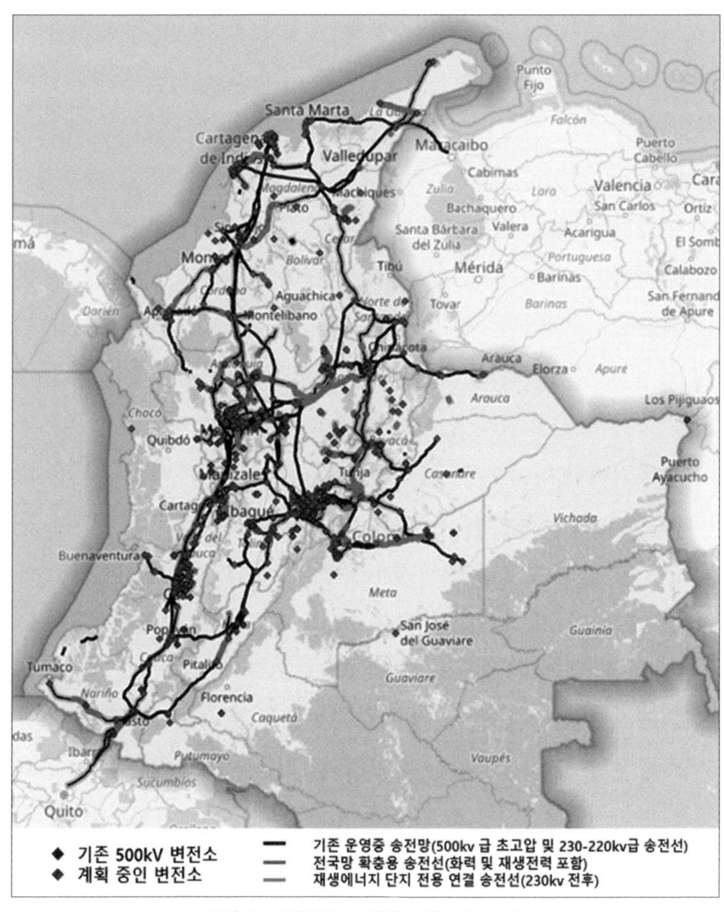

그림 17 · 콜롬비아 전력 송전망(2025).

출처: Open Energy Transition(2025.07.), #MapYour Grid- Colombia Transmission Network.

(가스·석탄·석유), 나머지 3%는 기타 재생에너지에서 생산된다. 이
처럼 '청정 전력 구조'를 갖추지만, 동시에 수력 의존도가 지나치
게 높다는 점이 위험 요인이다. 건기에는 발전량이 급감해 화석연
료 발전소의 가동이 불가피하고, 기후 변동이 곧 에너지 불안정으
로 이어지는 구조다. 수도권과 북부 해안 지대에 인프라가 집중된
탓에 지역 간 전력 접근성의 격차도 크다.

재생에너지 확산은 여전히 더디다. 태양광은 일사량이 고르지
않고, 풍력은 과히라 등 북부 해안 지역에만 상업성이 있다. 현재
가동 중인 상징적 풍력 단지는 예삐라치(Jepirachi) 한 곳뿐이다. 바
이오 에너지와 바이오 연료가 일부 보완 역할을 하지만 비중은 미
미하다. 따라서 콜롬비아의 에너지 전환 과제는 명확하다. 즉 '수
력 중심의 전력 구조를 어떻게 다변화하고, 재생에너지 자원이 풍
부한 지역을 국가 전력망에 효과적으로 편입시킬 것인가'이다.[22]

한편, 콜롬비아의 송전망은 국가 간 연계성과 운영 효율성에서
높은 평가를 받는다. 주요 운영사인 ISA는 브라질, 페루, 칠레 등
과 연결된 고전압 송전망을 운영하며 안데스 지역의 전력 허브 역
할을 맡는다. 최근에는 과히라 지역 풍력 개발과 연계된 신규 송
전 프로젝트가 활발히 추진 중이며 국경 간 송전 협력의 선도 모
델로 꼽힌다. 다만 산악 지형으로 인한 건설 비용 상승과 유지 보
수의 어려움, 그리고 지역 간 불균형은 여전히 구조적 약점이다.

---

22) AET(2025.03.06.), "Industria energética en colombia".

특히 대부분의 수력 발전소가 산악 지대에 위치해 있기 때문에, 생산된 전력을 주요 수요지인 보고따나 카리브 해안 도시로 보내려면 장거리 송전망이 필수적이다. 최근에는 풍력과 태양광이 풍부한 과히라 반도의 개발이 시작됐지만, 이 지역을 본토 전력망과 연결하는 송전선 건설이 지연되면서 '전기를 생산하지만 보낼 수 없는' 아이러니가 반복된다. 여기에 지역 공동체의 반대와 토지 사용권 문제가 얽혀 송전망은 콜롬비아 에너지 전환의 가장 큰 병목으로 지목된다.

그럼에도 불구하고 콜롬비아는 청정에너지 전환을 국가 전략으로 삼으며 국제 사회에서 주목받는다. 「국가 에너지 계획 2020-2050」, COP26에서 발표한 2030년 온실가스 51% 감축 목표, 「E2050 장기 탈탄소 전략」, 「에너지 전환법(법률 2099/2021)」, 「기후 행동법」 등이 이를 뒷받침한다. 수력과 바이오 에너지 덕분에 전력 부문은 이미 상당히 탈탄소화되어 있으며 2021년 기준 재생에너지가 최종 소비의 29%를 차지해 IEA 평균을 크게 상회했다. 국영 석유회사 에코페트롤(Ecopetrol) 또한 청정에너지 기술 투자에 나서면서, 콜롬비아는 석탄·석유 중심의 수출 의존 구조에서 벗어나 재생에너지·수소·핵심 광물 중심의 다각적 에너지 경제로 전환한다.

이 전환은 풍부한 자원 잠재력을 기반으로 한다. 과히라 지역의 풍력과 태양광, 50GW 규모의 해상 풍력, 태평양 불의 고리의 지열 자원은 미래 전력 다변화와 수소 산업의 토대가 될 수 있다. 하지만 수력의 낮은 저장 능력과 기후변화로 인한 변동성, 취약 계층의 에너지 접근 문제는 여전히 해결 과제로 남아 있다. 이에 정부는 대규모 태양광·풍력 입찰 제도를 확대하고, 과히라 지역을 중심으로 농촌 전력화와 지역 격차 해소를 추진 중이다.[23]

콜롬비아 북부는 50GW 규모의 해상 풍력 잠재력을 보유하며 이 자원은 장기적으로 수소 생산에도 활용될 수 있다. 또한 태평양 화산대의 지열 자원은 이미 두 개의 시범 프로젝트로 개발이 시작되었으며 미주개발은행(Inter-American Development Bank, IDB)이 탐사 위험을 완화하기 위한 금융 지원을 제공한다. 궁극적으로 콜롬비아는 바이오 에너지, 지열, 녹색 수소 기반 암모니아 등 저탄소 분산형 전원을 강화해, 가뭄 등 기후변화로 인한 전력 공급 불안정에 대비해야 한다. 정부는 에너지 효율 제고, 송전망 확충, 저장 장치 도입을 병행하며 '정의로운 전환(Just Transition)'[24]을 강조한다. 화석연료 수익을 청정에너지 투자 재원으로 돌리는 정책도 병행 중이다. 이처럼 콜롬비아의 경험은 에너지 전환이 단순한 기술적 변화가 아니라 사회적 합의와 포용적 성장 전략이 함께 가야 하는 과정임을 보여준다.[25]

페루는 오랫동안 수력 중심의 전력 구조를 유지해 왔지만, 최근 들어 태양광과 풍력 발전의 비중이 빠르게 증가하고 있다. 해안

---

23) IEA(2023), op. cit., pp. 7-9.
24) 정의로운 전환은 기후·에너지 전환 과정에서 발생하는 비용과 혜택이 특정 집단에 편중되지 않도록 지역 공동체, 취약 계층 등의 권리를 보장하는 공정한 전환 원칙을 말한다.
25) IEA(2023), op. cit., pp. 73-74.

도시를 따라 형성된 송전망은 비교적 안정적이지만, 안데스산맥을 가로지르는 험준한 지형 때문에 내륙과 고산 지역의 전력 접근성은 여전히 낮다. 이러한 제약을 극복하기 위해 페루 정부는 칠레와의 'InterAndes HVDC 연계 프로젝트' 등 국가 간 송전 통합을 추진한다. 그러나 지리적 불균형과 지역 간 전력 접근성 격차는 여전히 크며 변전 인프라 확충은 시급한 과제로 꼽힌다.[26]

페루는 풍부한 천연가스 자원을 바탕으로 한 화력 발전 중심의 전력 구조로 되어 있다. 안데스산맥과 아마존 계곡에는 소규모 수력 자원이 분포하고, 발전지는 분산되어 있으나 주요 수요지는 수도 리마와 연안 도시들에 집중되어 있다. 따라서 내륙의 발전 자원을 해안 산업 지대로 실어 나르는 송전망이 늘 부족한 형편이다. 특히 까미세아(Camisea) 가스전에서 생산된 전력을 연결하는 장거리 송전선, 그리고 북부 수력 발전 전력을 남부 산업 지대로 보내는 송전선은 국가 에너지 균형을 좌우하는 핵심 인프라로 평가되지만 험한 산악 지형과 강화된 환경 규제로 인해 송전망 확충 속도는 여전히 더디다(〈그림 18〉 참조).

한편, 페루의 화석연료 매장량을 보면 석탄이 전체의 73.9%로 가장 크고, 천연가스가 18.2%, 석유가 7.9%를 차지한다. 천연가스 매장량은 약 8.29조 입방피트(2022년 기준)로 남미 3위 규모며 석탄도 17억 톤 이상 매장되어 있다. 반면 초중질유는 약 700만 배럴

---

26) COES(2024), "Sistema El ctrico Interconectado Nacional".

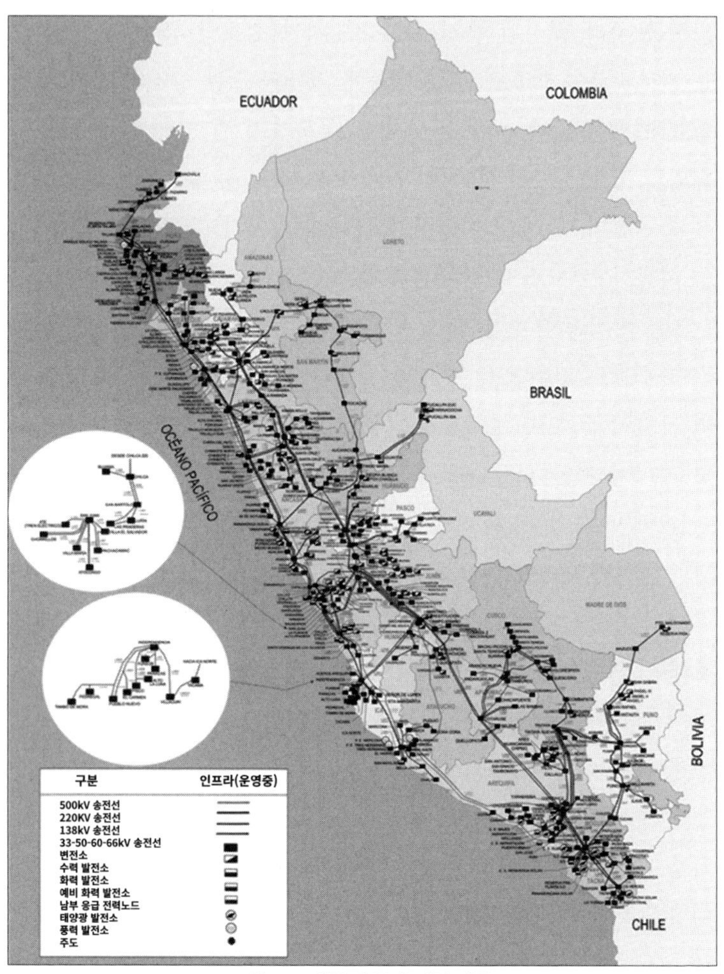

그림 18 · 페루의 국가 전력 계통.

출처: COES(2024), "Sistema Eléctrico Interconectado Nacional".

수준에 불과해, 화석연료 자원은 전반적으로 편중된 양상을 보인다.[27]

청정에너지 분야에서는 훨씬 다양한 가능성이 열린다. 남동부 뿌노(Puno)주는 세계적으로 높은 수준의 일사량($8.8kWh/m^2$/일 이상)을 기록하고, 고지대는 평균 풍속이 7.5m/s를 넘어선다. 이론적 수력 잠재력은 21만MW, 지열은 약 3,000MWe로 평가되며 해안 지역에는 조력 발전의 가능성도 존재한다. 또한 국토의 절반 이상이 산림이고 약 20%가 농경지로, 바이오 에너지 잠재력도 풍부하다. 생활 폐기물도 하루 1인당 0.75kg이 발생해 에너지 자원으로의 전환이 가능하다. 즉 페루는 천연가스를 기반으로 하되 풍력·태양광·수력·지열·바이오 에너지 등 다양한 대안이 공존하는 다층적 에너지 구조를 형성한다.[28]

2023년 페루의 에너지 소비는 석유(41.9%)가 가장 큰 비중을 차지했고, 천연가스(29%)와 수력(21.8%)이 그 뒤를 이었다. 원유 생산은 과거보다 늘었지만 최근 하루 12만 배럴 수준에 머무는 반면, 천연가스는 까미세아 가스전 개발로 크게 확대되어 수출까지 가능해졌다. 석탄은 생산이 점차 증가했으나 소비는 일정하지 않은 흐름을 보였다. 전력 생산의 절반 가까이는 수력, 나머지는 화력과 일부 재생에너지에서 나온다. 주목할 점은 페루가 에너지 사용 효율에서는 높은 성과를 보이는 반면, 국민 1인당 에너지와 전력

---

27) AET(2025.03.09.), "Energy industry in Peru", p. 3.
28) AET(2025.03.09.), Ibid., p. 3.

소비량은 세계 평균에 비해 낮다는 점이다.[29]

　페루의 에너지 인프라는 천연가스 중심으로 발전해 왔다. 최대 가스전인 까미세아는 8.8조 입방피트 규모로, 1,500킬로미터 이상의 가스관망과 연결되어 있다. 아과이띠아(Aguaytia) 가스 처리 공장은 173MW 용량을 갖추고, 송유관·정유소·저장 시설·수출입 터미널 등 석유 인프라도 잘 구축되어 있다. 대표적으로 빰삘야 정유소(Refinería La Pampilla, 리마 주 소재)는 하루 10만 배럴 이상을 처리하며, 까야오 저장소(Almacén del Callao)는 113만 배럴의 용량을 보유한다. 정부는 딸라라 정유소(Refinería de Talara) 현대화와 북부 송유관 보수를 추진 중이다.[30]

　페루의 전력 생산은 가스 화력 발전소가 중심이며 가장 큰 발전소는 칠까 우노 발전소(Central TermoEléctrica Chilca Uno)다. 석탄과 석유 발전소도 일부 존재하지만, 수력 발전소가 약 5.5GW로 전력의 큰 축을 차지하며 만따로-따블라차까 복합 단지(Complejo HidroEléctrico Mantaro-Tablachaca)가 1GW 규모로 최대다. 재생에너지 중 태양광과 풍력은 남부와 해안 지역에 집중되어 있으며, 와이라 풍력 발전소(Parque Eólico Wayra I), 루비 태양광 발전소(Planta Fotovoltaica Rubí)가 대표적이다. 2023년 기준 재생에너지 설비 용량은 총 6.74GW로, 수력이 81.6%를 차지한다.

　바이오 에너지 부문은 바이오매스, 바이오가스, 바이오디젤, 바

---

29) AET(2025.03.09.), Ibid., pp. 5-6.
30) AET(2025.03.09.), Ibid., p. 7.

이오에탄올 생산으로 성장 중이다. 최대 규모의 바이오매스 발전소는 메이플 에너지(Maple Energy)가 운영하며 빨마스 그룹(Grupo Palmas)의 바이오디젤 공장, 삐우라(Piura) 지역 로메로 그룹(Romero Group)의 까냐 브라바 공장(Planta de Bioenergía Caña Brava)이 대표적 사례다. 국가 에너지 전략(2014-2025)은 전 국민의 에너지 접근성 확보, 재생에너지 확대, 탄소 배출 감축을 목표로 한다.[31]

칠레는 라틴아메리카에서 가장 먼저 전력 산업의 전면적 민영화를 시도한 국가 중 하나이다. 발전·송전·배전 부문을 분리하고, 민간 사업자 누구나 전력 시장에 진입할 수 있도록 문을 열었다. 전력 설비의 소유와 건설·운영은 민간이 담당하고, 정부는 규제자이자 감시자로서 최소한의 역할에 집중했다.[32] 특히 풍부한 태양광·풍력 자원 덕분에 신재생에너지 프로젝트는 정부 보조금 없이도 시장 원리에 따라 추진될 수 있고, 이는 국제적으로도 주목받는 사례가 되었다. 겉으로 보기에는 '효율성과 경쟁'을 앞세운 이상적인 전력 시장 모델처럼 보인다.

칠레의 전력 계통망은 중앙 계통망(Sistema Interconectado Central, SIC)과 북부 계통망(Sistema Interconectado del Norte Grande, SING)으로 이루어진 국가 계통망(Sistema Electrico Nacional, 이하 SEN), 아이센(Aysen)주에 전력을 공급하는 아이센 계통망(Sistema Electrico de Aysen, SEA), 마가야네스(Magallanes)주와 남극 지역에 전력을 공급하

---

31) AET(2025.03.09.), "Energy industry in Peru", pp. 8-9.
32) Kotra(2024.05.28.), 「2024년 칠레 전력산업 정보」.

는 마가야네스 계통망(Sistema Electrico de Magallanes, SEM)으로 구성된다. 2022년 12월 기준 총 전력량은 3만 3218MW이며 이 중 화력 발전 전력 생산은 38%이고, 나머지는 신재생에너지다. 신재생에너지는 주로 태양광 발전과 풍력 에너지가 중심이며 2022년에 전년 대비 55.6%의 성장을 기록했다.[33]

국가전력계획국(Coordinación Eléctrica Nacional, CEN)에 따르면 2024년 2월 말 기준, SEN의 설비 용량은 시운전 프로젝트 설비 용량을 포함해 총 3만 5000MW에 달한다. 에너지원 비중은 화력 발전(36.8%), 태양광 발전(27.5%), 수력 발전(21.4%) 순이며 이외에도 풍력 발전, 지열 발전 등이 활용된다(〈그림 19〉 참조).[34]

특히 칠레는 남미에서 가장 통합적이고 현대화된 SEN을 운영하며 디지털화와 시장 개방이 가장 진전된 사례다. 북부 사막 지역의 풍부한 태양광 발전과 남부의 풍력 자원이 균형 있게 발전하며 민간 투자 유입이 활발한 개방형 전력 시장 구조가 강점이다. 그러나 발전소가 집중된 북부와 주요 수요지인 중남부 간의 송전 용량 부족이 문제로, 발전된 전력이 송전망의 한계로 인해 낭비되는 사례가 잦다. 최근의 대규모 정전 사례는 보호 시스템 노후화와 계통 안정성 부족의 문제를 드러냈다.

즉 칠레의 북부 아타카마 사막과 남부 해안을 연결하는 송전망이 없으면, 자원은 있지만 전력으로 기능하지 못한다. 칠레 정부

---

33) Kotra(2024.05.28.),「2024년 칠레 전력산업 정보」.
34) Kotra(2024.05.28.), 같은 곳.

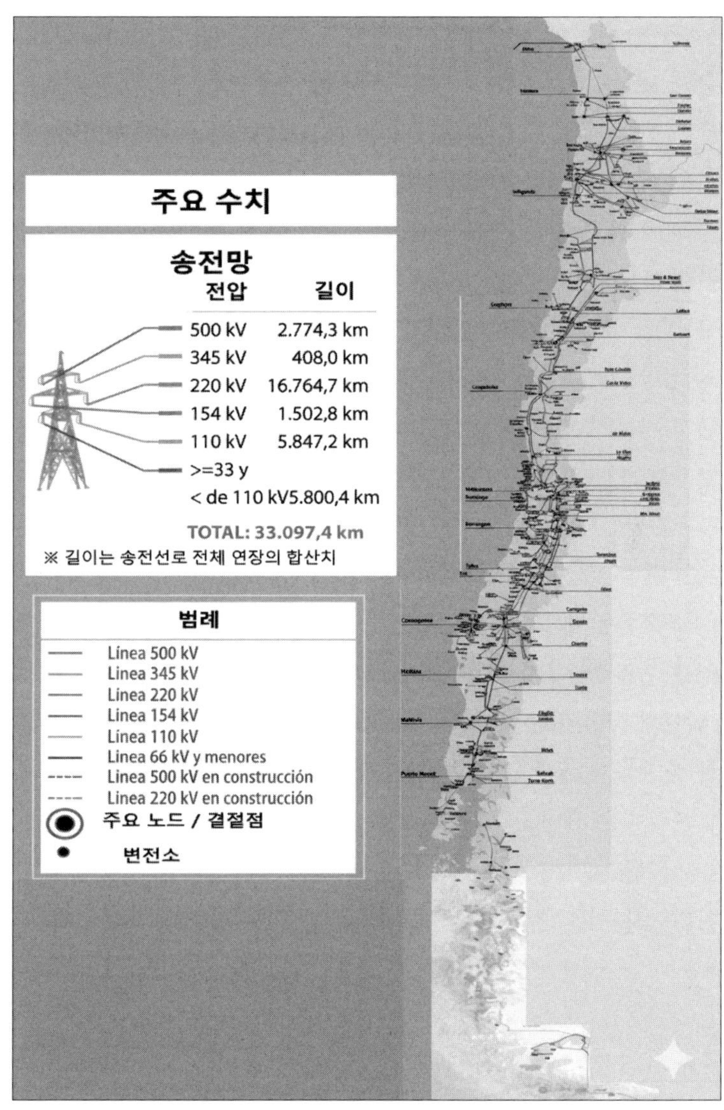

그림 19 · 칠레의 전력 시스템: 송전망 현황(2024).

출처: J. C. Araneda(2021.05.11-13.), "El Sistema Eléctrico Chileno"(검색: 2025.09.28.)

는 '국가 단일망'을 구축하기 위해 북부와 남부를 잇는 초장거리 송전 프로젝트를 추진해 왔고, 덕분에 태양광과 풍력이 본격적으로 전력 체계에 자리 잡을 수 있었다. 그러나 여전히 지역 간 불균형은 남아 있으며 송전선 건설이 늦어지면서 값싼 전력이 버려지는 일이 반복된다.

또한 칠레는 세계 최고 수준의 재생에너지 잠재력과 넓고 인구 밀도가 낮은 부지라는 입지적 이점을 바탕으로, 라틴아메리카 청정수소의 선도국으로 부상한다. 국가 전략에 따르면 재생에너지로 현재 전력 발전 능력의 70배까지 전력 생산 잠재력이 있고, 2050년에는 연간 최대 1억 6천만 톤의 청정수소 생산이 가능할 것으로 예상한다. 이를 뒷받침하기 위해 전해조 용량 목표를 2025년 5GW, 2030년 25GW로 제시하고, 2030년대 말 kg당 0.8-1.1달러의 비용 목표를 내걸었다. 수소는 현지 광업(구리 등) 탈탄소에 쓰일 뿐 아니라 청정 암모니아·메탄올 형태로 수출할 수 있어 세계 시장 접근성이 좋다. IEA 기준 지역 내 잠재 생산 발표의 약 절반이 칠레에 집중되어 있다는 점도 우위의 신호다.[35]

브라질은 남미 최대 규모의 송전망과 에너지 통합 시스템을 갖춘 국가로, 2025년 송전망 확충에 힘입어 약 19만 킬로미터 이상의 송전선을 통해 남북·동서 전역을 연결한다.[36] 북동부의 풍

---

35) Paul Day(2024.10.22.), "Chile leads Latin American push to clean hydrogen", *Reuters*.
36) 브라질 송전망 총 연장은 2025년까지 확충에 힘입어 192,648 킬로미터에 도달했다. MME(2025.12.04.), "Expansão energética ganha força com marcos estruturantes na

력, 중남부의 태양광, 북부의 수력을 초고압 직류(High Voltage Direct Current, HVDC) 라인으로 연결하는 기술력이 뛰어나며 최근 호라이마(Roraima)주를 국가 전력망에 편입시켜 전국 단일 송전망 체계를 완성했다.[37] 하지만 재생에너지 확산 속도가 너무 빨라 송전망 포화와 노후 설비의 갱신 부담이 커지고 있으며 광대한 국토와 장거리 송전 구조로 인해 송전 손실과 관리 비용이 높다는 점이 단점으로 지적된다.

방대한 국가전력통합망(Sistema Integrado Nacional, SIN)은 국경 간 연계를 통해 남미 전체를 아우르는 에너지 허브가 될 잠재력이 있다.[38] 브라질의 전력망은 북부, 북동부, 남동·중서부, 남부 네 구역이 연결된 구조로, 브라질과 파라과이가 공동 건설해 발전량을 분할 배분하는 이따이뿌 수력 발전소(Itaipu Binacional)를 포함해 우루과이, 아르헨티나, 베네수엘라와도 연결되어 있다. 그러나 북서부와 200여 개의 고립 전력망은 여전히 통합되지 않아 완전한 시스템이라 보기는 어렵다.

브라질은 풍부한 수자원으로, 재생에너지 기반 탈탄소화를 이

---

transmissão e na geração", *Balanço* 2025.
37) IBAMA(2025.09.05.), "Ibama concede Licença de Operação para Linha de Transmissão Manaus–Boa Vista e garante integração energética de Roraima ao SIN", Logomarca GovBR.
38) 브라질의 국가통합전력계통(SIN)은 수력·열원 기반의 대규모 생산·송전 시스템으로, 운영은 국가전력계통운영자(ONS)가 맡고 규제는 전력규제청(ANEEL)이 담당한다. 대형 저수지의 실시간 수문 운영으로 에너지 최적화·홍수 조절·다목적 용수를 병행하며 장거리(일부 HVDC 포함) 송전을 통해 북·동·남·중서부 권역을 단일 계통으로 연계한다. ANA/Governo Federal do Brasil(검색일: 2025.08.02.)

끌 '에너지 허브'가 될 잠재력이 크다는 강점이 있다. 하지만 기후 변화로 비가 줄거나 가뭄이 길어지면서 수력 발전 의존 구조가 흔들리고 있다. 연구에 따르면 남부는 유리하지만, 북부와 중부는 수력 발전에 취약하다. 또 하천 유량 변화는 발전소 운영에 오류를 일으킬 수 있어 안정성이 위협받는다. 결국 브라질은 장기적으로 설비와 운영 방식을 기후변화에 맞게 조정해야 한다는 과제를 안고 있다.[39]

브라질은 아마존강을 비롯해 세계에서 가장 유량이 풍부한 강을 품어 오랫동안 '수력 발전 강국'으로 불려 왔다. 1960-1970년대 산업화 시기 국가적 투자를 집중한 결과, 2010년대까지 전력의 약 80%가 수력에서 공급되었다. 그러나 기후변화는 이 의존 구조의 한계를 드러냈다. 2000년대 초 강수량 부족으로 정전과 전력 배급제가 시행되자, 정부는 수요 억제 정책까지 도입해야 했다. 이 경험은 전력원을 다변화해야 한다는 교훈으로 이어졌고, 이후 풍력·태양광·바이오매스 등 새로운 재생에너지가 본격적으로 확대되었다.

아마존강 유역에는 세계 최대 규모의 수력 발전소들이 자리하지만, 주요 수요지는 수천 킬로미터 떨어진 남동부 산업 지대에 있다. 이를 연결하기 위해 브라질은 초고압 직류(HVDC) 송전망을 대규모로 깔았고, 이 분야에서는 세계적인 선도국이 되었다. 그러

---

39) 이미정(2023), 「브라질 인프라 개발과 국토 통합의 함의: 지속 가능한 발전을 위한 범위」, 『라틴아메리카 생태를 읽다』, 알렙, 173-174쪽.

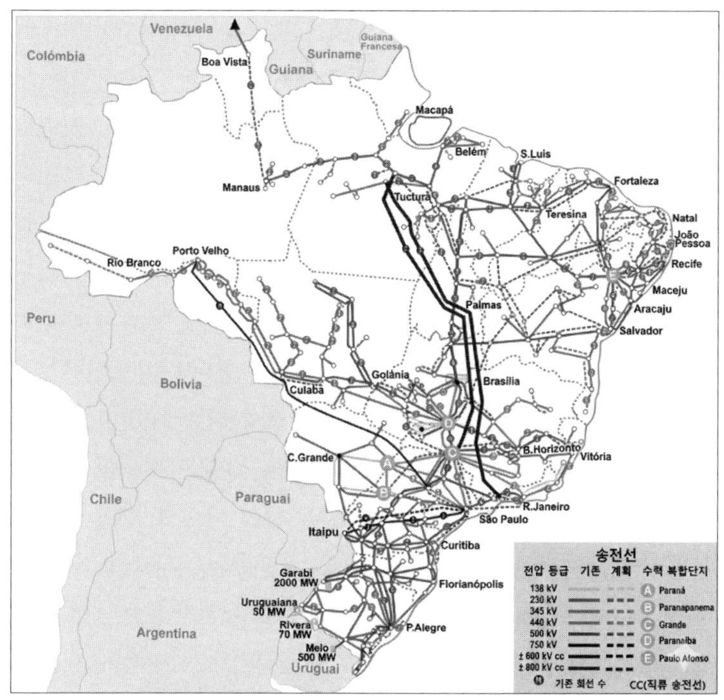

그림 20 · 브라질의 국가전력통합망(SIN) 2024년 현황 및 계획.

출처: Abrate(2023), "Sistema de transmissão — Horizonte 2024".

나 송전망 확충 과정은 토지 문제와 원주민 권리, 그리고 국제 금융 기관의 개입이 얽히면서 언제나 갈등을 동반한다. 브라질의 송전망은 단순한 전력 인프라를 넘어, 국가 주권과 글로벌 자본 사이의 줄다리기를 상징한다(〈그림 20〉 참조).

현재 브라질의 전체 에너지의 30% 이상은 석유에서, 45% 가까이는 수력을 포함한 재생에너지에서 나온다. 이는 IEA가 평가하

듯 세계에서 가장 탄소 집약도가 낮은 에너지 구조 중 하나다. 하지만 남은 수력 자원은 대부분 외딴 지역에 있고, 삼림 파괴로 수량이 줄어드는 문제도 있어 추가 개발에는 한계가 있다. 이러한 제약 속에서 태양광과 풍력은 빠르게 부상한다. 2023년 브라질은 중국에 이어 세계에서 두 번째로 큰 풍력·태양광 발전량 증가를 기록했으며 앞으로 신규 발전원의 70%는 태양광이 될 것으로 전망된다. 바이오에너지의 역할도 점차 확대되면서, 브라질은 수력 중심의 구조에서 다원적 재생에너지 체제로 전환하는 중이다.[40]

브라질 에너지 자원은 수력 발전 중심의 전력 에너지를 비롯해,[41] 다른 재생에너지 자원도 풍부하므로 다양한 에너지 상품을 모색하는 국제 시장 요구에 부합되고, 환경 친화적 자원 활용이 쉬운 국가로 평가받는다. 특히, 새로운 상품(commodity)으로 주목받는 바이오에너지 개발에 대한 투자가 성장 촉진 프로그램 빠끼(Programa de Aceleração do Crescimento, PAC)[42]에 포함되어 있어 국제시장 참여의 가능성을 시사하며 전력 인프라 계획에서 전력 잠재력은 다른 산업 부문을 보조하는 측면 외에 직접적으로 정보·통신 인프

---

40) David Elliott(2024.10.10.), "Beyond hydropower: Brazil's net zero future", *Spectra*.
41) 2008년 기준, 브라질의 전력 에너지 공급 비중은 수력(74%), 화력(15.4%), 원자력 에너지(2.8%), 수입(8.5%), 풍력(0.4%) 정도이다. EPE(2009), "Balanço Energético Nacional: ano base 2008", p. 14.
42) 브라질의 성장 촉진 프로그램(PAC)은 2007년 인프라 확충과 경제 성장을 목표로 시작된 국가 투자 프로그램이다. 도로, 에너지, 교통, 주택 등 사회기반시설에 대한 공공·민간 투자를 촉진해 성장의 병목을 해소하려 했다. 2023년에는 '새로운 PAC(Novo PAC)'으로 개편되어 2026년까지 대규모 투자를 통해 대형 개발 계획으로 확대할 예정이다.

라 구축을 통한 첨단 기술 환경 조성과도 크게 관계가 있다.[43]

아르헨티나는 국가전력계통 사디(Sistema Argentino de Interconexión, SADI)를 통해 넓은 국토를 연결하며 500kV급 초고압 송전선이 전체의 대부분을 차지하는 대규모 중앙 집중형 전력망 구조를 갖춘다. 이는 국가 단위의 전력 공급 안정성을 높이는 강점이 있지만, 동시에 노후화된 설비와 투자 부족이 주요 약점으로 작용한다. 빠따고니아(Patagonia) 지역의 세계적 수준의 풍력 잠재력이 수도권으로 제대로 송전되지 못하며 장거리 송전선의 전력 손실도 큰 관계로 설비의 현대화와 지역 간 송전망 균형이 에너지 전환의 핵심 과제로 본다.

사디(SADI)는 아르헨티나 전역을 연결하는 500킬로볼트(kV) 초고압 백본(국가 간선 송전망)이다. 이 장거리 회랑(에너지 수송 통로)은 남부에서 북부로, 서부에서 동부로 뻗어 있으며 외곽 지역에서 생산된 전력을 주요 수요지로 이송하는 국가 전력망의 중심축을 이룬다. 빠따고니아의 풍력 단지에서 생산된 전력은 중부 내륙을 거쳐 수도권으로 전달되고, 꼬마우에의 대형 수력 및 가스 복합 발전(Complejo Comahue de HidroEléctrica y Gas)은 동쪽으로 전력을 공급한다.[44] 북서부의 태양광 발전은 낮 시간대에 출력이 집중되어 남

---

43) Ronaldo Schuk(2007.09.), "O PAC e o abastecimento de energia no Brasil", *40° Econtro Nacional de Agentes do Setor Elétrico*, p. 6.
44) 꼬마우에(Comahue) 복합 발전 단지는 아르헨티나 남부 네우껜(Neuquén)주와 리오네그로(Río Negro)주에 걸친 수력·가스 복합 전력 권역이다. 엘 초꼰(El Chocón), 삐에드라 델 아길라(Piedra del Águila) 등 대형 발전소가 모여 남부 전력망의 핵심 거

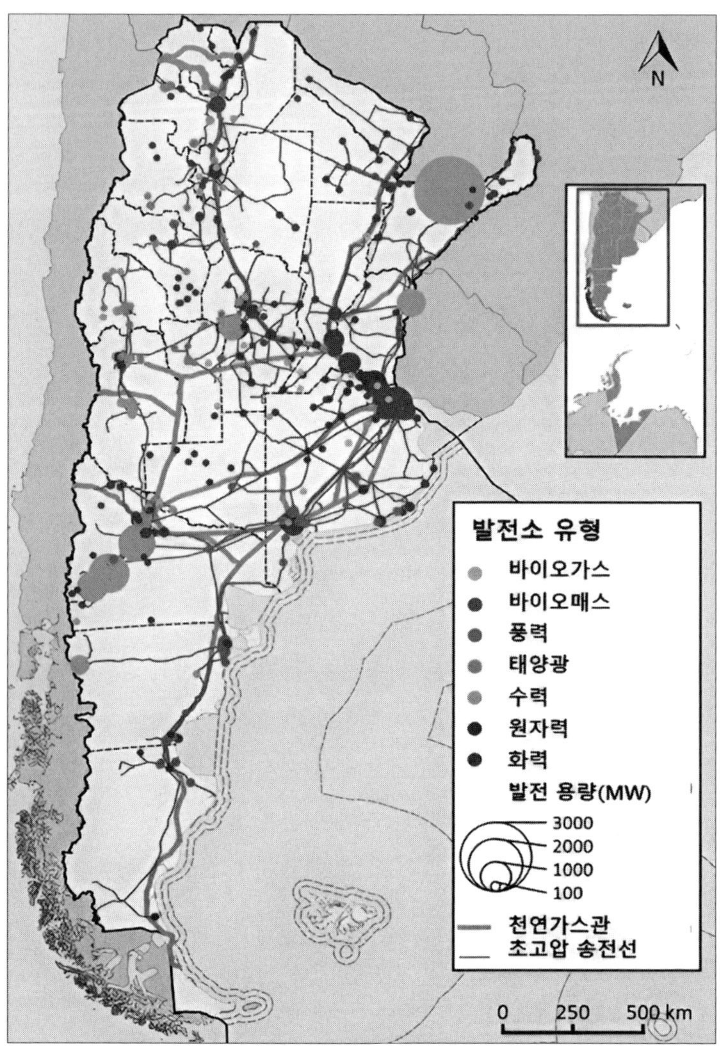

그림 21 · 아르헨티나의 전력 계통: 주요 발전소 및 에너지 인프라.

출처: IGN(2022), "Caleidoscopio Energético Argentino: Redes y Terriotorios en Transición".

동부로의 안정적 이송을 위해 송전 경로의 확보가 필요하며 북동부의 수력 및 국경 연계는 강우나 가뭄 등 계절 변화에 따라 수력 발전량과 전력 흐름이 달라진다.[45]

장거리로 이송된 전력은 부에노스아이레스 수도권(Área Metropolitana de Buenos Aires, AMBA) 인근에서 전압을 낮춰 132킬로볼트급 지역망으로 분기되며 이후 배전망을 통해 가정과 산업 현장으로 전달된다. 백본은 국가적 차원의 송전을, 지역망은 세부 분배를 담당하며 두 계통이 유기적으로 조정될 때 전력 공급의 안정성이 확보된다(〈그림 21〉 참조).[46]

아르헨티나는 풍력과 태양광 발전 잠재력이 크지만, 송전망 문제로 발목이 잡혀 있다. 빠따고니아의 강풍은 세계적으로 손꼽히는 자원이지만, 수도권과 공업 지대는 멀리 떨어져 있다. 송전망 확충이 더디다 보니 이미 지어진 풍력 발전소조차 전력을 제대로 팔지 못하고 멈춰 서는 일이 벌어진다. 재생에너지 확대가 실제 전환으로 이어지지 못하는 이유가 여기에 있다. 발전소만 지으면 해결될 문제처럼 보이지만, 전기를 어디로 어떻게 보내느냐는 훨

점을 이룬다.

45) Secrtaría de Energía(SE) & Ente Nacional Regulador de la Electricidad(ENRE) (2020), "Examen especial sobre el subsector energético de transporte eléctrico(Actuación N° 279/20, Proyecto N° 2081261/20)", *Buenos Aires: SE – ENRE.*

46) CAMMESA(Compañía Administradora del Mercado Mayorista Eléctrico), "Esquemas Unifilares y Geográficos de la Red".

씬 더 복잡한 난제다.[47]

　20세기 아르헨티나의 에너지 체계는 중앙 집중형 모델로 발전해 왔다. 석유와 가스, 전력 네트워크가 국가 단위로 조직되면서 국토 전역으로 뻗어 나갔고, 대규모 발전소와 송전망은 여러 지역을 하나의 시스템으로 묶어 냈다. 이 과정에서 광대한 에너지 네트워크가 구축되었지만, 지역 간 격차는 여전히 남아 있었다. 21세기에 들어서면서 환경과 사회를 존중하는 지속 가능한 모델이 요구되었고, 이에 따라 분산형 시스템이 등장해 소외 지역의 에너지 접근성을 넓히는 새로운 길을 열었다.

　아르헨티나의 에너지 기반은 무엇보다 화석연료에 있다. 현재도 1차 에너지의 80% 이상을 차지하며 천연가스가 절반 이상, 석유가 그 뒤를 잇는다. 1907년 빠따고니아에서 석유가 발견된 이래 네우껜(Neuquén)과 산호르헤 만(Golfo San Jorge) 분지가 핵심 생산지로 자리 잡았고, 1977년에는 초대형 가스전 로마 라 라따(Loma La Lata)가 발견되면서 가스 사용이 크게 확대되었다. 2010년대 들어 비전통 자원인 바까 무에르따(Vaca Muerta)의 개발은 아르헨티나 에너지 역사에 새로운 장을 열었고, 2020년대에는 국가 가스 생산의 절반 이상을 책임질 만큼 성장했다.

　2016년 도입된 'RenovAr 프로그램'과 〈재생에너지법〉(법률 27.191)은 2025년까지 전력의 20%를 재생에너지로 전환한다는 목

---

47) Secretaría de Energía(SE) & Ente Nacional Regulador de la Electricidad(ENRE)(2020), Ibid.

표를 세웠지만, 송전 인프라의 부족, 규제 미비, 그리고 화석연료 보조금의 지속이 발목을 잡는다. 송전망이 제대로 확충되지 않으면 빠따고니아의 풍력이나 북부의 태양광 발전이 수도권 전력망에 연결되지 못해, 이미 완공된 발전소조차 전력을 송출하지 못하는 상황이 발생한다.

반면 아르헨티나는 현재 이른바 '녹색 기회의 창(Green Window of Opportunity)' 앞에 서 있다. 빠따고니아의 강한 바람, 북부의 일사량, 그리고 리튬 삼각지대(Lithium Triangle)[48]라 불리는 세계적 자원 덕분에, 재생에너지를 기반으로 한 산업 다변화와 일자리 창출이 가능하다. 풍력과 태양광뿐 아니라 에너지 저장과 공급망 혁신을 통해 경제를 재구성한다면, 아르헨티나는 단순한 자원 수출국을 넘어 청정 기술 산업의 주체로 도약할 기회를 맞을 수도 있다.

자원적 기반은 아르헨티나가 재생에너지를 중심으로 산업 구조를 다변화하고, 새로운 일자리를 창출할 가능성을 보여준다. 풍력과 태양광을 넘어, 에너지 저장 기술과 공급망 혁신을 결합해 경제를 재구성한다면, 아르헨티나는 단순한 자원 수출국을 넘어 청정 기술 산업 주체로 도약한다. 그러나 그 전환이 진정한 '변화'로 이어지기 위해서는 그 혜택이 지역과 계층에 고르게 돌아가야 하며 비용이 취약 계층에 집중되지 않도록 하는 정교한 정책 설계

---

48) 리튬 삼각지대는 남미 볼리비아의 우유니(Uyuni), 칠레의 아따까마(Atacama), 아르헨티나의 옴브레 무에르또(Hombre Muerto) 염호를 중심으로 형성된 리튬 생산 지대를 말한다. 이 지역은 전 세계 리튬 매장량의 절반 이상이 분포하며 전기차 배터리와 재생에너지 저장 산업의 핵심 자원인 리튬 공급의 중심지로 주목받는다.

가 필요하다. 에너지 전환은 단순한 탈탄소화가 아니라 국가 경제의 체질을 바꾸고 불평등을 줄이며 삶의 질을 향상시키는 사회적 선택이기 때문이다.[49]

이처럼 라틴아메리카 여섯 나라의 송전망은 각기 다른 방식으로 에너지 전환의 발목을 잡는다. 브라질과 칠레는 대규모 송전 프로젝트를 통해 불균형을 메우려 하지만, 아르헨티나, 멕시코, 콜롬비아, 페루는 풍부한 자원을 지니고도 송전망 병목으로 인해 발전의 과실을 온전히 누리지 못한다. 결국 송전망 문제는 기술적 한계를 넘어, 누가 인프라를 소유하고 통제하며 그 이익을 어떻게 배분할 것인가의 문제로 귀결된다. 라틴아메리카의 에너지 전환은 풍력과 태양광을 세우는 일에 그치지 않는다. 그것은 보이지 않는 전력망의 균열을 메우고, 국가 간·계층 간 불평등의 전류를 재조정하는, 더 깊은 사회경제적 재편이기도 하다.

---

49) Sofia Croxatto(2024.12.16.), "Renewable energy in Argentina: a utopia for the global south?", *Energy Transition*.

제 6 장

재생에너지 패권과 지정학의 재편

재생에너지는 오랫동안 기후위기 대응과 환경 정책의 영역에서 주로 다뤄져 왔다. 하지만 최근 들어 그것은 단순한 '친환경 기술'의 범주를 넘어, 세계 질서를 재편하는 새로운 패권 경쟁의 무대가 된다. 과거 석유와 가스가 국제 정치의 중심에 있었듯, 오늘날 태양광 패널, 인버터, 풍력 터빈, 배터리 같은 재생 기술과 그 공급망이 국가 안보와 외교 전략을 좌우하기 시작했다.

이 변화의 배경에는 중국의 약진이 있다. 중국 기업들은 댐과 송전망, 대형 태양광과 풍력 단지, 리튬과 배터리 프로젝트까지 아우르는 '인프라 패키지'를 들고 라틴아메리카를 비롯한 전 세계에 진출한다. 값싸고 빠른 공급을 강점으로 내세우며 설계에서 건설, 금융, 운영까지 한꺼번에 책임지는 방식이다. 그 결과 라틴아메리카의 전력 지형 곳곳에 중국의 흔적이 새겨진다. 에콰도르의 거대한 수력 댐, 아르헨티나의 댐 건설 계약, 파나마와 브라질의 태양광·풍력 단지 등은 모두 그 단면이다.

이에 맞서 미국과 유럽은 다른 방식으로 대응한다. 중국이 하드웨어와 인프라에서 우위를 점한다면, 미국과 유럽은 기술과 규범을 무기로 삼는다. 유럽은 인버터, 전력전자, 스마트그리드 같은 핵심 기술을 유지하면서, 탄소 국경세 같은 제도를 통해 시장 규칙을 설계한다. 미국은 인플레이션 감축법 같은 정책을 통해 재생에너지 공급망을 자국 중심으로 되돌리고, 동시에 라틴아메리카와 전략적 협력을 확대하려 한다.

이 과정에서 라틴아메리카는 단순한 투자 수혜자가 아니다. 풍부한 햇빛과 바람, 수력, 그리고 리튬과 구리 같은 전략 자원을 지니지만, 이 지역은 오히려 경쟁의 최전선이자 패권 재편의 시험장이 된다. 중국의 인프라 패키지와 미국과 유럽의 규범·정책 패키지가 교차하는 가운데, 어느 쪽의 질서가 우위를 점하느냐에 따라 이 대륙의 미래뿐 아니라 세계 에너지 질서의 향방도 달라질 수 있다.

이제 재생에너지는 더 이상 환경의 문제가 아니다. 그것은 곧 경제와 기술 안보, 나아가 국가 주권의 문제가 된다. 누가 표준을 만들고, 누가 공급망을 지배하느냐에 따라 전력의 가격과 안정성, 더 나아가 국가의 정책 자율성까지 영향을 받는다. 21세기의 에너지 패권 경쟁은 유전이 아닌 태양광 단지와 송전선, 그리고 데이터센터와 배터리 공장에서 벌어진다. 라틴아메리카는 바로 전장 한가운데 서 있다.

치솟는 전력 수요와 재생에너지

AI 혁명으로 빠르게 늘어나는 전력 수요는 새로운 시대를 예고한다. 전기화의 확대에 힘입어 2024년 전 세계 전력 소비는 급속히 증가했고, 이는 새로운 '전기의 시대(Age of Electricity)'를 연다. 2025-2027년의 추가 전력 수요는 모두 저배출 기술로 충당될 것으로 예상된다. 2024년 전력 소비는 전년 대비 약 4.3% 증가했는데, 이는 2023년의 2.5%보다 높은 수치이며 앞으로도 연평균 3.9%라는 견고한 성장세가 이어질 것으로 보인다.[1] 데이터센터와 슈퍼컴퓨터는 도시 하나가 쓰는 전력에 맞먹는 수준의 에너지를 소모하며 앞으로 AI의 확산은 수요 폭증을 불러올 것으로 예상되지만 문제는 이 수요가 화석연료를 기반으로 충당될 경우 탈탄소 전환이라는 시대적 과제와 정면으로 충돌한다는 점이다. 세계는 지금, AI로 인한 전력 수요 증가와 기후위기 대응이라는 이중 과제를 동시에 풀어야 하는 딜레마에 직면해 있다.[2]

생성형 AI 이후 데이터센터의 전력 수요는 국가 단위로 뛴다. 검색 한 번, 이미지 한 장에도 수천 개의 그래픽 처리 장치(Graphics Processing Unit, GPU)가 동시에 켜진다. 빅테크는 이 수요를 맞추기 위해 재생에너지 발전소와 장기 전력구매계약(PPA)을 맺어 전력을 선점하는 가운데 라틴아메리카는 풍부한 일사량과 바람 덕분

---

1) IEA(2025.02.14.), "Electricity 2025: Analysis and forecast to 2027", pp. 7-10.
2) IEA(2025.02.14.), Ibid., pp. 7-12.

에 매력적인 전력 기지로 떠오른다.

문제는 속도와 형평성이다. 전력구매계약이 늘수록, 지역 산업과 가계가 쓸 전력망의 용량과 요금 안정성이 기업의 성장 전략에 따라갈 위험이 생긴다. 실제로 브라질의 전기요금은 가정용이 약 0.16달러/kWh, 산업용이 0.12달러/kWh 수준으로, OECD 평균(0.14/0.10)보다 높다. 멕시코(약 0.06-0.07달러/kWh)와 칠레(0.13/0.10), 콜롬비아(0.11/0.09)보다도 상대적으로 높은 편이며 이는 세금, 송배전 비용, 그리고 규제 비용이 함께 반영된 결과다. 반면 아르헨티나는 보조금 덕분에 요금이 0.02-0.03달러/kWh로 낮지만, 재정 부담이 커 지속 가능성이 떨어진다는 지적이 많다. 라틴아메리카 각국의 전기요금 격차는 단순한 경제 지표가 아니라 에너지 전환의 속도와 사회적 형평성을 가늠하는 잣대이기도 하다.[3] AI 수요가 이런 구조 위로 올라타면 균형은 더 어려워진다. 해법은 사회적 안전 장치가 결합한 전력구매계약이다. 지역 산업·가계용 최소 가용량을 명시하는 동시에 요금 급등 시 공유 메커니즘을 설계하고, 데이터센터는 저장 설비·망 강화에 비례 투자하며 폐열·수자원 관리 기준을 의무화해야 한다. 전력은 단순 상품이 아니라 공공 기반 시설이기 때문이다.

라틴아메리카는 전 세계에서 재생에너지 비중이 가장 높은 지역 중 하나로, 2024년 기준 전체 전력의 약 65-70%를 재생에너지

---

3) GlobalPetrolPrices.com(2025), "Electricity Prices".

로 충당하며 이 중 40%는 수력이 차지한다. 이 비중은 앞으로도 안정적으로 유지되거나 더 확대될 것으로 전망된다. 다만 국가별로 자원 조건과 정책, 기후 환경이 달라 재생에너지의 구조와 비중에는 큰 차이가 있다. 전통적으로 브라질, 파라과이, 콜롬비아, 베네수엘라는 풍부한 강과 수계를 바탕으로 수력 발전에 의존해왔으며 브라질은 전체 전력의 50% 이상을 수력에서 얻는다.

라틴아메리카에서 수력은 전력 생산의 주요 원천으로, 지역 전체 전력 공급의 45%를 차지하지만, 기후변화는 라틴아메리카 수력 발전에 점차 심각한 도전 과제가 된다. 기온 상승, 강우 패턴의 변화, 빙하 융해, 극한 기상 현상의 증가 등이 주요 요인이다. 이러한 변화는 하천 유량의 변동성을 증가시키고, 계절별 유량을 변화시키며 저수지에서의 증발 손실을 확대해 수력 발전량에 직접적인 영향을 미친다. 보통 수십 년간 운영되는 수력 발전소는 그 생애 주기 동안 기후변화의 영향을 받을 수밖에 없으므로, 이에 대한 포괄적인 영향 평가가 필요하다.[4]

중미와 멕시코, 그리고 칠레와 아르헨티나의 광범위한 지역(중앙 안데스 및 빠따고니아)은 향후 한 세기 동안 강수량과 유출량 감소가 일관되게 예측되며 이는 수력 발전에 부정적 영향을 미칠 것으로 예상된다. 특히 칠레의 주요 수력 발전 유역과 아르헨티나의 리마이(Limay)강 유역은 강수량과 유출량 감소로 인해 수력 발전

---

4) IEA(2021.01.29.), "Climate Impacts on Latin American Hydropower", pp. 2-5.

량이 줄어들 것으로 보인다.

브라질은 이미 전력 부문에서 재생에너지 비중이 세계 평균의 세 배에 달하며 다른 나라들이 2050년 목표로 삼는 수준을 상당 부분 앞당겨 달성했다. 세계적 수력 강국인 브라질은 여기에 풍력, 태양광, 바이오매스를 결합해 전체 전력의 약 80%를 재생에너지로 생산한다. 최근에는 북동부 해안의 강풍을 활용한 대규모 풍력 단지, 남동부와 중서부의 태양광 발전소, 사탕수수 잔여물을 이용한 바이오매스 발전이 빠르게 확산된다. 브라질은 기후변화로 인한 가뭄 위험을 줄이기 위해 전력 믹스를 다변하며 수력 중심의 구조에서 복합 재생에너지 체제로 이동한다(〈그림 22, 23〉 참조).

브라질, 파라과이, 콜롬비아, 베네수엘라는 대형 수력 발전소를 통해 국가 경제의 버팀목을 마련했다. 특히 파라과이는 세계적 규모의 이따이뿌 수력 발전소 덕분에 자국 수요를 넘어 전력을 수출할 정도다.[5]

코스타리카는 재생에너지 비율이 98%에 달한다. 전체 전력의 약 80%를 수력에서 얻으며 지열 발전이 중요한 보완 자원으로 자리 잡았다. 풍력과 태양광도 점차 확대된다. 국토 규모는 작지만, 에너지 전환의 상징적 모델로 국제 사회에서 널리 주목받는다.[6] 파나마 역시 전력의 상당 부분을 수력에 의존해 왔다. 그러나 기

---

5) Itaipu Binacional(2025.06.30.), "Hydroelectric Power Plants in Brazil: Energy, Power and Sustainability".
6) Climate Action Tracker(2024.11.15.), "Costa Rica", CAT.

그림 22 · 라틴아메리카의 대규모 풍력 발전 용량(계획 포함).

출처: Sophia Bauer et al.(2023.03.), "A Race to the Top: Latin America", Global Energy Monitor, p. 11.

후 위험이 커지면서 태양광과 풍력 확대 정책을 적극 추진한다. 중남미의 물류 허브이자 경제 중심지라는 점에서, 파나마의 전력

그림 23 · 라틴아메리카의 대규모 태양광 발전 용량(계획 포함).

출처: Sophia Bauer et al.(2023.03.), "A Race to the Top: Latin America", Global Energy Monitor, p. 11.

전환은 지역 에너지 안보와도 연결되는 과제다.

콜롬비아는 32기의 대형 댐과 수많은 소규모 발전소를 통해 전체 전력의 약 66%를 수력에서 얻지만, 기후변화로 인한 물 부족 위험에 대응하기 위해 가스·석유 발전을 보완적으로 운영하며 태양광과 풍력의 비중도 점차 확대 중이다. 전통적 수력 의존에서 벗어나 균형 잡힌 전력 구조로 가는 과도기라 할 수 있다.

에콰도르 역시 수력 발전 비중이 70%를 넘어 유리한 자연 조건을 가지지만 최근 가뭄과 대형 댐의 기술적 문제로 정전 사태를 겪으면서, 지나친 수력 의존이 위험 요인으로 드러났다. 현재 태양광과 바이오매스를 활용한 재생 확대가 시도되지만, 본격적인 다변화는 아직 초기 단계에 있다.

페루는 오랫동안 전력의 70% 이상을 수력에 의존했으나 최근 비중은 50% 안팎으로 줄었다. 대신 천연가스 발전이 40% 이상으로 확대되고, 풍력과 태양광도 6%와 2% 수준으로 성장했다. 안데스산맥의 고산 지대는 태양광 확장의 유망지로 꼽히는 가운데 전통적 수력 중심에서 벗어나, 재생과 화석의 균형을 맞추는 체제로 변모한다.

멕시코는 73기의 수력 발전소를 운영하지만, 전력 생산에서 차지하는 비중은 10-19%에 불과하고, 전력의 대부분은 여전히 가스와 석탄 같은 화석연료(약 65-75%)에서 나온다. 반면 풍력·태양광·지열의 잠재력은 매우 크다. 북부 지역은 강한 바람 덕분에 풍력 단지가 빠르게 늘고, 사막 지대는 세계적 수준의 일사량을 제공해 태양광 발전에 유리하다. 여기에 화산 지대를 활용한 지열발전도 중미와 함께 안정적인 전원으로 확장되는 추세다. 현재는 화석 중심이지만, 재생에너지 잠재력만큼은 라틴아메리카에서 주목받는 국가 중 하나다.

칠레는 전력 구조 전환의 '실험실'로 불린다. 2000년대 초반까지 수력이 30% 이상을 차지했지만, 최근에는 태양광과 풍력이 빠르게 성장해 2024년 전체 전력의 68%를 재생이 차지했다.[7] 북부 아타카마 사막은 세계에서 가장 강한 일사량을 제공해 태양광 발전소들이 집중적으로 건설되고, 남부 해안 지역은 강풍을 활용한 풍력 발전의 중심지로 부상한다. 지열 발전도 추가적인 가능성을 연다. 칠레는 화석 비중을 급속히 줄이며 2030년대에 100% 재생 에너지 국가로 도약하겠다는 목표를 세운다.

아르헨티나는 33기의 수력 발전소(9,250MW)를 운영하며 설비 기준으로는 전체의 24-36%, 실제 발전량 기준으로는 약 16%를 차지한다. 그러나 아르헨티나의 전력 구조는 다원적이다. 천연가스가 50% 이상을 담당하지만, 풍력(10%), 원자력(7%), 태양광(소수)도 함께 존재한다. 특히 빠따고니아 지역은 세계적 강풍 덕분에 풍력 잠재력이 매우 크며 최근 재생에너지 성장의 중심으로 부상한다(〈그림 22〉 참조). 무엇보다 엘니뇨와 가뭄 같은 기후 변동성이 심화하면서 수력의 불안정성이 드러난 가운데 대안으로 부상하는 에너지가 풍력과 태양광이다. 브라질 북동부와 멕시코 지협, 아르헨티나 빠따고니아는 강한 바람을 바탕으로 풍력 발전이 빠르게 확산하며 칠레 아타카마 사막은 세계 최고 수준의 일사량을 활용해 초저가 태양광 전력을 생산한다(〈그림 23〉 참조).

풍력과 태양광 발전은 대개 도시와 떨어진 외곽에 위치해 전기

---

7) InvestChile(2025.01.06.), "Electricity generation in Chile 2024: 68% originated from renewables".

를 멀리까지 실어 나를 튼튼한 송전망이 필수적이다. 하지만, 이 송전망을 새로 깔거나 확장하는 일은 생각보다 훨씬 복잡하다. 수많은 이해관계자가 얽혀 있고, 승인 절차도 까다롭다. 실제로 대규모 초고압 송전선 하나를 짓는 데 10년 이상이 걸리는 것이 일반적이다.

더욱이 세계적인 담수력을 자랑하는 브라질은 수력 발전뿐만 아니라 전통적인 농업 강국으로서 실천하는 바이오매스, 방대한 국토 내 기후 환경을 활용할 수 있을 뿐만 아니라 사탕수수를 기반으로 한 바이오에너지에서 세계적 경쟁력을 확보했다. 2000년대 초반 새로운 상품(commodity)으로 주목받던 바이오에너지 개발에 대한 투자가 성장 촉진 프로그램(PAC)에 포함되어 국제 시장 참여 가능성이 두각을 나타내면서 에너지 잠재력은 정보·통신 인프라 구축을 통한 첨단 기술 환경 조성으로 이어진다. 농산물과 원자재 가격 상승으로 새로운 상품 생산지를 모색하는 일부 거대 투자자들은 브라질 미개발 지역에 대한 투자를 늘리는 가운데, 특별 환경 지역으로 보호되었던 규제들이 풀리고, 대규모의 토지 매입이 증가했다.

또한 칠레와 우루과이, 브라질은 수소 에너지 프로젝트에 박차를 가하며 미래의 글로벌 수출 산업으로 성장시키려 한다. 아직 초기 단계이지만, 풍부한 태양광과 풍력을 결합한 청정수소[8]는 AI 시대의 새로운 '에너지 원유'가 될 가능성이 크다.(〈그림 24〉 참

---

8) 청정수소는 재생에너지 기반(그린수소) 또는 이산화탄소 포집·저장(CCS) 기술을 활용한 화석연료 기반(블루수소)으로 생산되어 탄소 배출을 최소화한 수소를 말한다.

조) 세계경제포럼(WEF) 보고서 라틴아메리카의 청정수소 경제 가속화에 따르면, 중남미 국가들은 향후 청정수소 순 수출국, 자국 내 탈탄소화 주도국, 특정 부문 집중국 혹은 이들의 혼합 모델로 발전할 것으로 예상한다.[9)]

그러나 수소를 물로 만드는 방식인 전기분해는 물 사용량이 꽤 많다. 수소 1kg을 얻으려면 약 10리터의 물이 필요하고, 여기에 냉각용으로 30-70리터가 더 들어간다. 따라서 2030년에 라틴아메리카와 카리브 지역에서 계획된 수소를 모두 생산한다면, 연간 약 2억 5천만에서 5억 톤의 물을 써야 한다. 이 수치는 2019년에 이 지역에서 농업·산업·생활용으로 쓰인 물(4,200억 톤)에 비하면 0.1%도 안 되는 작은 비율이지만 문제는 지역적 불균형에 있다. 남미는 세계에서 물이 가장 풍부한 지역이지만, 일부 지역은 가뭄과 기후변화로 이미 물 부족을 겪는다. 이런 곳에서 대규모 수소 생산이 이뤄진다면 상황은 더 심각해질 수 있다. 그래서 대부분의 전기분해 수소 프로젝트는 해안이나 큰 강, 호수 주변에 지어지도록 계획된다.[10)]

수소 생산에 필요한 물은 바닷물을 담수화(desalination)해서 얻는다. 라틴아메리카에는 이미 수천 개의 담수화 시설이 있지만, 대부분 규모가 작아 대형 수소 프로젝트를 뒷받침하기에는 역부족

---

9) WEF(2025.06.), "Forstering Effective Energy Transition 2025", *Insight Report*, pp. 43-44.
10) IEA(2023.11.), op. cit., pp. 184-185.

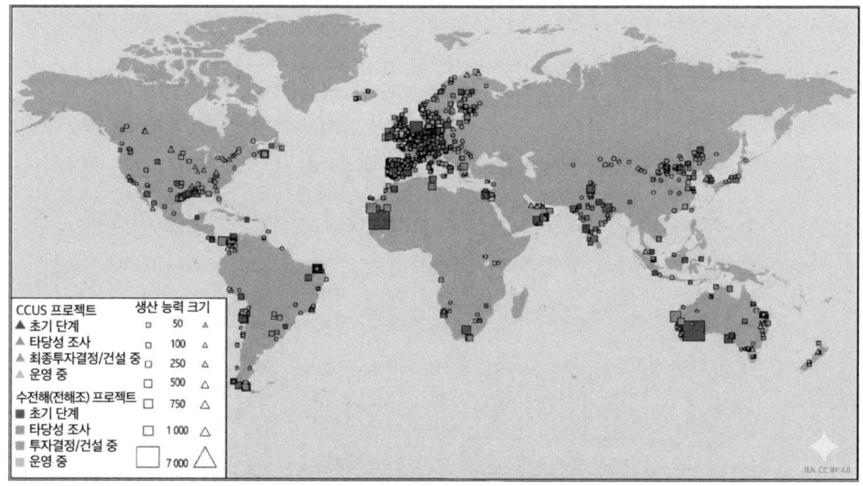

그림 24 · 저탄소(저배출) 수소 생산 프로젝트(2024).

출처: IEA(2024), "Global Hydrogen Review", p. 10.

이다. 앞으로는 훨씬 더 큰 담수화 플랜트가 필요하며 바닷물을 끌어들이고 염분을 배출하는 과정에서 해양 생태계가 훼손되지 않도록 세심한 관리가 요구된다. 이렇게 건설된 담수화 시설이 산업뿐 아니라 지역 사회에도 실질적인 혜택을 준다는 데 주목할 만하다. 실제로 멕시코 남부 해안 깜뻬체(Campeche)주 암모니아 프로젝트는 해수 담수화를 통해 물 부족에 시달리는 이 지역에 부담 주지 않을 계획이다.[11]

---

11) Julian Atchison(2023.07.24.), "Hy2gen announces new ammonia project in Mexico", Ammonia Energy Association.

지표수나 지하수를 활용하는 방안도 있다. 하지만, 이 경우 농업이나 생활용수 같은 기존 수요와 충돌하지 않도록 세심한 검토가 필요하다. 자칫 잘못하면 앞으로의 산업 활동에도 부담을 줄 수 있기 때문이다. 한편, 폐수를 다시 쓰는 방식도 주목받는다. 버려질 물을 수소 생산에 활용하고, 전기분해 과정에서 생긴 산소와 열을 폐수 처리에 돌려쓰면 된다. 이렇게 하면 수소 산업은 물을 소모하는 소비자가 아니라 순환 경제를 이끄는 새로운 주체로 자리 잡을 수 있다.[12]

그러나 발표된 수소 프로젝트 중 상당수가 물 부족 지역에 자리 잡았다(〈그림 25〉). 그래서 앞으로는 추가적인 담수화 시설 건설이 필수적이라는 점을 시각적으로 알려준다. 라틴아메리카와 카리브 지역 곳곳에서 전기분해 수소 생산 프로젝트가 추진되지만, 그중 절반가량은 이미 가뭄이 잦거나 물이 부족한 지역에 몰려 있다는 사실이 드러난다. 수소 생산에는 많은 물이 필요하므로, 이런 지역에서 프로젝트가 진행되면 수자원 부담은 더 커질 수밖에 없다.

지도에서 원의 크기는 프로젝트의 규모를, 음영은 물 부족 정도를 나타낸다. 옅은 색은 물이 넉넉한 곳을 의미하지만, 짙은 색은 이미 수자원에 심각한 압력이 가해진다. 특히 큰 원일수록 물 사용량이 많아서, 물 부족 지역에 대규모 프로젝트가 집중된 현실은

---

12) IEA(2023.11.), op. cit., p. 186.

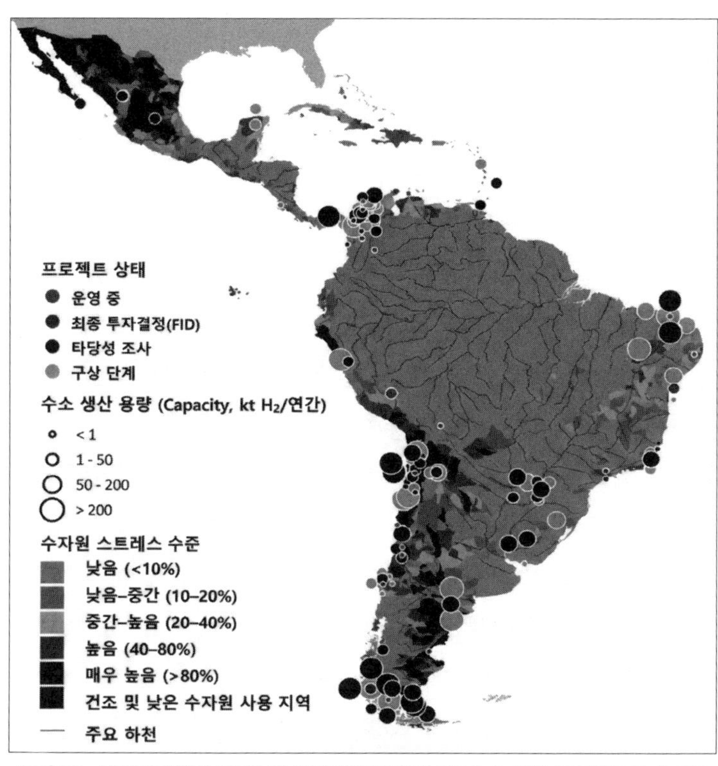

그림 25 · 라틴아메리카·카리브(LAC) 지역의 전기분해 수소 생산 프로젝트와 수자원 스트레스 수준(2030년 예측).

수자원 스트레스 수준은 총 수자원 수요가 가용한 재생 가능 지표수 및 지하수 공급량을 차지하는 비율을 측정한 것임.

출처: IEA(2023.11.), "Latin America Energy Outlook", p. 185.

앞으로 반드시 해결해야 할 문제다. 이런 이유로 전문가들은 수소 산업이 성공하려면 대형 담수화 시설 같은 보완책이 꼭 필요하다고 강조한다.

이렇게 물이 부족한 지역에서 수소를 생산하는 데 따르는 부담에 대한 검토를 기반으로 진행되는 수소 프로젝트를 살펴보면 라틴아메리카 전역에서 수소 프로젝트가 어떤 방식으로 추진되는지 알 수 있다. 〈그림 26〉에서는 수소를 교통이나 산업, 에너지 분야에 실제로 활용하려는 구현 프로젝트와, 재생에너지로 직접 수소를 만드는 생산 프로젝트, 그리고 두 가지를 동시에 시도하는 복합 프로젝트를 볼 수 있다. 멕시코에서 칠레와 아르헨티나까지 곳곳에서 다양한 실험이 진행 중인 가운데, 이를 통해 수소가 이제 단순한 미래 기술을 넘어 에너지 전환의 중요한 축으로 자리 잡았다는 사실을 알 수 있다(〈그림 26〉 참조).

IEA는, 발표된 프로젝트 기준으로 2030년까지 중남미와 카리브 지역이 연간 700만 톤의 저배출 수소를 생산할 수 있지만, 실제로 운영 중이거나 건설 중이거나 최종 투자 결정(Final Investment Decision, FID)에 도달한 것은 0.1%에 불과하다고 지적했다. 따라서 국내 수요와 수출 목표 사이 균형을 맞추며 잠재력을 조기에 실현하는 행동이 필요하다.

칠레는 세계에서 가장 빠르게 청정수소 경제로 전환하는 국가 중 하나로, 풍부한 재생에너지 자원을 바탕으로 수소 생산의 잠재력을 극대화한다. 정부의 국가 청정수소 전략(Estrategia Nacional Hidrógeno Verde)에 따르면, 칠레는 재생에너지 자원만으로도 현재 전력 생산 능력의 약 70배를 공급할 수 있으며 이를 통해 2050년까지 연간 최대 1억 6천만 톤의 청정수소를 생산하는 역량을 갖

그림 26 · 라틴아메리카 수소 프로젝트 현황.

출처: H2LAC, "Mapa de proyectos de hidrógeno en América Latina y el Caribe"(검색일: 2025.10.01.).

춘다. 이 전략은 2022년 가브리엘 보리치 대통령 취임 이후 본격적으로 추진되었으며 전해조(electrolyzer) 설비 용량을 2025년까지 5GW, 2030년까지 25GW로 확장하고, 2030년 말까지 청정수소

가격을 1kg당 1달러 안팎으로 낮추는 것을 목표로 한다.[13]

IEA에 따르면 칠레는 라틴아메리카 전체에서 저배출 수소 생산 잠재력의 절반을 차지하며 이는 태양광과 풍력 자원이 결합한 독보적인 자연 조건이 있다. 이 잠재력을 실현하기 위해 유럽투자은행(European Investment Bank, EIB), KfW 개발은행, 세계은행, 미주개발은행(Inter-American Development Bank, IDB) 등 국제 금융 기관이 참여하는 대규모 자금 조달이 이루어진다. 이러한 국제 협력과 투자는 칠레가 남미의 에너지 공급국을 넘어, 글로벌 청정수소 허브로 도약할 수 있음을 보여준다.

공급망 전쟁과 기술 파편화 구도

에너지 전환은 단순히 석탄·석유에서 태양광과 풍력으로 발전원을 바꾸는 일이 아니다. 그것은 전력망 전체를 디지털화하고 지능화하는 과정이며 스마트그리드라고 하는 인프라 혁신과 맞물려 있다. 스마트그리드는 정보통신기술(ICT)을 활용해 전력의 생산·수송·소비를 실시간으로 관리하는 지능형 전력망으로, IEA는 전력 수요 증가와 재생에너지 확대는 전력망 운영의 복잡성을 키우며 이를 감당하는 스마트그리드를 기반으로 본다. 스마트그리드

---

13) Paul Day(2024.10.22.), "Chile leads Latin American push to clean hydrogen", *Reuters*.

는 단순한 기술이 아니라 재생에너지 확대와 전력 시스템 안정성을 동시에 담보하는 에너지 전환의 핵심 인프라이다.[14]

스마트그리드 혁신은 특허 출원이라는 지식재산권의 형태로도 나타나며 유럽특허청(European Patent Office, EPO)의 데이터베이스(Patent Statistical Database, PATSTAT) 분석에 따르면 2011년 전 세계 스마트그리드 관련 고유 발명 건수는 약 2,000건으로 정점에 이르러 전력 부문 전체 혁신의 11%에 해당하는 비중이었다. 이후 감소세를 보였으나, 2022년에는 다시 13% 수준으로 회복되며 세계가 탄소중립(Net Zero by 2050)으로 나아가는 추세와 궤를 같이한다.[15] 세부적으로 살펴보면, 2020년 기준으로 발전 설비의 모니터링·제어와 전력망 운영 관리 지원 기술이 전체 스마트그리드 특허의 41%를 차지했다.[16] 이는 스마트그리드 경쟁이 단순한 기기 제조를 넘어, 운영 소프트웨어·데이터 관리·시스템 제어로 확장된다는 사실을 보여준다.

스마트그리드의 확산은 세계적으로 고르게 진행되지 않는다. IoT Analytics의 최근 조사에 따르면, 2024년 전력망의 디지털화를 상징하는 스마트 전력 계량기 보급률은 국가별로 극명하게 갈린다. 미국과 캐나다, 북유럽과 서유럽 일부 국가는 이미 70-90% 이상의 보급률을 기록하며 사실상 전면 도입 단계에 들어섰다. 반

---

14) IEA(2024.07.03.), "A Global Review of Patent Data for Smart Grid Technologies", p. 9.
15) IEA(2024.07.03.), Ibid., p. 17.
16) IEA(2024.07.03.), Ibid., p. 23.

면 중남미, 아프리카, 동남아시아의 많은 국가는 10% 미만에 머물러 아직 초기 단계에 머물러 있다.[17]

이 불균형은 단순히 '기술 보급 속도 차이'로만 볼 수 없다. 스마트 전력 계량기는 가정과 산업 현장의 전력 사용을 실시간으로 연결해 주는 장치로, 에너지 효율뿐 아니라 전력 시장의 투명성, 그리고 소비자와 발전·송전망을 잇는 데이터 인프라의 핵심을 이룬다. 따라서 누가 빨리, 그리고 얼마나 광범위하게 이 시스템을 깔아두느냐가 곧 국가의 에너지 안보와 산업 경쟁력에 직결된다.

그중에서도 북미와 유럽의 선도는 기술 표준을 주도할 수 있다. 이들은 단순히 계량기를 보급하는 데 그치지 않고, 데이터를 활용해 수요 관리, 전기차 충전 네트워크, 재생에너지 연계 정책까지 확장한다. 반대로 보급이 늦은 지역은 이러한 데이터 축적과 기술 학습의 기회를 놓치게 되고, 장기적으로는 외부 기술에 의존할 가능성이 높아진다(〈그림 27〉 참조).

결국 스마트그리드 확산 지도는 단순한 전력 기술 지도가 아니다. 그것은 각국의 디지털 전환 속도, 데이터 주권, 그리고 미래 에너지 질서에서 발언권을 보여주는 정치 지도다. 재생에너지가 늘어날수록 전력망의 디지털화는 더욱 중요해지고, 이 불균형은 곧 새로운 형태의 지정학적 격차로 이어진다.

IEA 보고서는 스마트그리드 혁신이 특정 지역과 도시에 집중

---

17) IOT Analytics(2024.02.21.), "Smart electricity meter market 2024: Global adoption landscape".

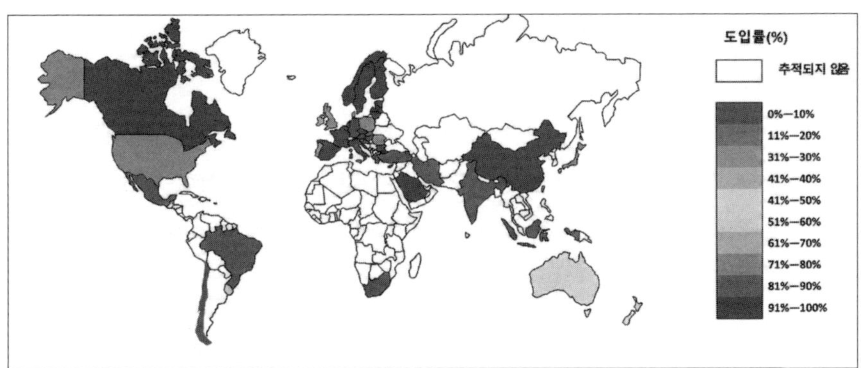

그림 27 · 스마트 전력 계량기 시장 세계적 확산 지형(2024).

스마트 계량기 보급(2023년 4분가 기준): 가정용, 상업용, 산업용을 포함한 전체 계량 지점 수 대비 설치된 스마트(AMI) 전력 계량기의 비율.

출처: IoT Analytics(2024.02.21.), "Smart electricity meter market 2024: Global adoption landscape".

되는 현상을 지적하며 전 세계 혁신의 40% 이상이 불과 10개 도시에 몰려 있다고 분석했다. 그 중심에는 도쿄, 서울, 베이징, 나고야 같은 동아시아 대도시가 자리하고, 유럽의 뉘른베르크, 미국의 샌프란시스코 베이 지역 같은 기술 클러스터도 포함된다. 과거에는 유럽과 미주가 혁신의 무대를 주도했지만, 최근 수십 년 사이에는 아시아가 명실상부한 혁신의 심장부로 부상했다. 아시아의 대도시와 중국, 한국, 일본은 그 사이에서 빠르게 보급률을 끌어올리며 새로운 '기술 허브'로 자리를 잡으며 스마트 계량기뿐 아니라 AI 기반 수요 예측, 분산형 발전 관리 같은 차세대 실험을 진행한다. 이는 글로벌 에너지 전환 경쟁에서 무게추가 점차 동아시

아로 기우는 현상을 보여준다.[18]

또한 이러한 추세는 단순한 기술 통계를 넘어, 글로벌 공급망 전쟁의 지정학적 맥락을 설명해 준다. 특허를 많이 보유한 국가는 기술 표준을 주도할 수 있고, 기술 공급망의 우위를 점할 수 있다. 반대로 개도국은 특허 제약 속에서 수입 의존도가 높아지고, 그만큼 전략적 선택의 폭이 좁아진다. 따라서 스마트그리드는 단순한 에너지 기술이 아니라 국가 간 권력 관계를 재편하는 새로운 무기로도 볼 수 있다.

즉 스마트그리드 기술 혁신은 이제 더 이상 유럽, 미국, 일본 같은 전통적 선진국의 전유물이 아니라 중국과 아시아 도시들이 새로운 중심지로 부상하면서, 기술 파급은 남반구로도 확산한다. 특히 라틴아메리카는 이러한 변화를 수용하고 시험하는 전초기지로 부상한다(〈그림 28〉 참조).

라틴아메리카는 풍부한 재생에너지 잠재력과 광물 자원을 바탕으로 이미 세계 에너지 전환의 핵심 공급지로 부상한다. 여기에 스마트그리드 도입이 결합한다면, 이 지역은 단순한 원자재 제공지를 넘어 디지털 기반의 에너지 전환을 시험하는 실험장으로 자리매김할 수 있다. 이러한 가능성은 중국, 미국, 유럽 등 주요 국가들에 라틴아메리카를 전략적으로 중요한 공간으로 인식하게 만든다.

---

18) IEA(2024.07.03.), op. cit., p. 31.

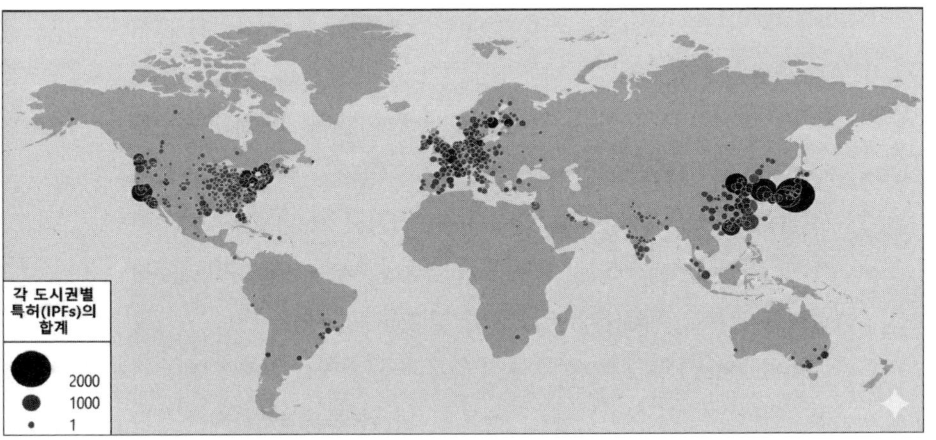

그림 28 · 스마트그리드 혁신 도시 허브의 세계지도(2000-2022).

출처: IEA(2024), "A Global Review of Patent Data for Smart Grid Technologies", p. 16.

한편 미국과 중국의 전력 전환은 뚜렷하게 다른 궤적을 보인다. 최근 미국은 전력 수요 증가로 인해 화석연료 의존도가 다시 높아지며 전체 전력의 60% 이상을 가스와 석탄에서 충당한다. 재생에너지 확산 노력이 이어지지만 구조적 제약으로 인해 전환 속도가 더디게 진행되고 있음을 보여준다. 반면 중국은 화석연료 발전을 계속 확대하면서도 동시에 태양광과 풍력을 비롯한 청정에너지 생산을 대규모로 늘려 전력망을 점진적으로 재편한다.[19]

결국 미국은 화석연료 종속에서 벗어나지 못한 채 전환 속도의

---

19) Gavin Maguire(2024.10.26.), "US power system becomes more fossil-dependent than China's", *Reuters*.

둔화를 겪지만, 중국은 '양적 확대'라는 전략을 통해 화석과 재생을 병행하며 장기적으로 에너지 매트릭스의 변화를 추구한다. 특히 중국은 태양광 장비와 수력 댐 분야에서 선도적 위치를 확보하고, 미국 기업들에서 전력 배전망을 인수하는 등 라틴아메리카에서 영향력을 확대해 나간다. 이러한 움직임은 곧 라틴아메리카에서 미국의 입지와 리더십에 대한 도전으로 이어지며 세계 에너지 전환을 둘러싼 지정학적 경쟁의 한 단면을 보여준다.[20]

이와 더불어 최근의 무역 관세 경쟁과 지정학적 불확실성은 지속 가능성의 진전을 가로막는 새로운 장애물로 떠올랐다. 미국과 중국을 중심으로 한 무역 갈등은 태양광 패널, 배터리, 풍력 터빈 등 주요 청정 기술의 공급망을 흔든다. 이러한 긴장은 단순한 경제 문제가 아니라 기술 표준과 산업 주도권을 둘러싼 전략 경쟁으로 번진다. 청정에너지 전환의 핵심 부품과 소재가 특정 국가에 집중된 현실은 각국의 에너지 안보에도 새로운 긴장을 불러온다.

미국은 정책적 수단을 통해 에너지 전환 경쟁에 대응한다. 인플레이션 감축법과 같은 제도를 통해 자국 내 재생에너지 공급망을 되살리는 동시에, 라틴아메리카와의 전략적 협력을 강화한다. 핵심 자원과 부품을 중국이 아닌 서반구에서 조달하려는 구상은 경제적 선택을 넘어 지정학적 필수 전략으로 자리 잡았다. 특히 리

---

20) Oscar Ugarteche & Carlos De León(2022.05.06.), "China and the change of the energy matrix in Latin America:a global political economy approach", *Brazilian Journal of Political Economy*, pp. 442-459.

튬, 구리, 니켈 등 전략 광물이 풍부한 아르헨티나, 칠레, 볼리비아, 브라질은 미국의 주요 파트너로 부상한다.

이러한 경쟁 구도는 라틴아메리카에 기회이자 부담이다. 다양한 외부 세력이 경쟁하면서 투자와 기술 이전의 기회가 커지지만, 동시에 특정 세력에 종속되지 않기 위해서는 균형 잡힌 외교와 자립적 산업 역량 강화가 필수적이다. 결국 각국이 자원을 단순 수출로 남길지, 아니면 에너지 전환 공급망 일부를 자국 산업으로 내재화할지가 향후 방향을 가른다.[21]

라틴아메리카 대륙은 현재 중국식 '인프라 패키지'와 미국·EU식 '기술·정책 패키지'가 맞부딪히는 전장이 되었다. 풍부한 햇빛과 바람, 그리고 광물이 외부 세력의 성장 엔진으로 흡수될지, 아니면 지역 산업과 사회의 자산으로 남을지는 각국의 정책 선택에 달려 있다. 브라질은 한때 자국 대기업이 설계·조달·시공·운영·금융까지 통합한 '수직형 모델'로 전력 산업을 이끌었지만, 2010년대 이후 외국 자본이 들어오며 구조가 급격히 분산되었다. 설계는 유럽, 모듈은 중국, 금융은 글로벌 펀드, EPC는 해외 기업이 맡는 체제로 바뀌며 산업의 무게중심이 국경 밖으로 이동했다.

그 결과, 재생에너지 용량은 늘었지만 산업 생태계의 자립성은 약화되고 있다. 송전 부문은 브라질 기업을 중심으로 남미와 유럽계 기업이 주도하고 있으며, 중국 기업은 주로 배전과 전력 판매

---

21) IDB(2024.10.), "Renewable Energy and Energy Storage Value Chains in Latin America and the Caribbean", pp. 23-32.

분야에 진출해 있다. 발전 부문에서는 해외 유틸리티의 투자와 운영 참여가 확대되면서 그 영향력이 점점 커지고 있다. 이러한 변화는 가격 경쟁력을 높이는 동시에, 국내 기술력과 표준, 유지보수 체계가 외부로 점점 더 기울고 있는 모습이다. 중국은 이미 태양광 모듈과 풍력 터빈, 배터리·ESS 시장에서 세계를 선도하며 '표준을 지배하는 권력'을 확보했다. 반면 유럽은 고신뢰 인버터와 스마트그리드 기술로, 미국은 정책과 금융을 결합한 인센티브로 대응한다. 라틴아메리카의 에너지 전환은 세 축의 경쟁 속에서 진행되며 이제 이 지역의 과제는 값싼 기술 도입을 넘어 주권적 산업 체계와 표준을 구축하는 일로 옮겨갔다.

탈탄소화와 에너지 주권

라틴아메리카는 기후위기 시대의 '조용한 강자'다. 세계 에너지 수요의 비중은 크지 않지만, 재생에너지의 확산 속도와 탄소 배출 감축 효과는 눈에 띄게 빠르다. 이미 이 지역의 전력은 절반 이상이 수력과 태양광, 풍력으로 만들어지며, 산업과 교통에서도 전기화가 빠르게 확산하고 있다. 그 결과 2050년에 탄소 배출량이 2022년의 절반 이하로 줄어들 전망이다. 하지만 세계 다른 지역들이 더 급격히 탈탄소화를 추진하면서, 라틴아메리카의 전 세계 배출 비중은 오히려 5% 미만에서 7%로 높아질 것으로 보인다. 기후 대응과 경제 성장을 동시에 달성해야 하는 지역의 딜레마가 여기에 있지만, 그럼에도 이 지역의 배출 강도는 세계 평균보다 낮고, 각국은 저마다의 길로 탈탄소화를 가속하고 있다. 브라질은 이미 낮은 배출 집약도를 바탕으로 2030년까지 30%를 추가로 줄일 계획이며, 칠레는 2040년 이전 석탄 발전 완전 중단을 목표로 35% 감축을 추진 중이다. 멕시코와 콜롬비아는 완만한 속도로 감축하고, 아르헨티나는 산업 효율 개선을 통해 점진적인 전환을 이어간다. 라틴아메리카는 이렇게 "적게 배출하고 더 멀리 가는" 전략으로, 지속 가능한 성장과 에너지 전환의 두 축을 함께 세워 간다.[22]

에너지 자급력은 한 국가가 자국 내에서 생산한 에너지로 국내 소비를 얼마나 충족하는지를 나타내는 지표다. 생산량 대비 소비량의 단순한 수치적 비율로, 자급률이나 순수입률과 같은 통계적 수치로 파악할 수 있다. 그러나 자급력이 높다고 해서 곧바로 에너지 주권이 확보되는 것은 아니다. 에너지 주권(Energy Sovereignty)은 훨씬 포괄적이고 전략적인 개념이다. 단순한 자급 수준을 넘어서, 정책적 자율성, 기술 내재화, 자본과 인프라의 통제, 외교적 독립성이 복합적으로 작동하는 능력을 의미한다. 예컨대, 전력 자급률이 높아도 핵심 설비·기술을 외국에 의존하거나 대형 에너지 인프라가 해외 자본에 의해 운영된다면, 그 국가는 높은 자급력에도 불구하고 제한된 주권만을 가진다. 따라서 에너지 자급력은 에너지 주권의 필요조건일 뿐, 그 자체로 충분하지 않다.[23]

---

22) IEA(2023.11.), "Latin America Energy Outlook", pp. 174-175.
23) Szymon Kardaś(2023.09.), "Energy Sovereignty Index", *ECFR*.

오늘날처럼 국제 정세가 불안하고 기후위기가 동시에 닥쳐오는 시대에는, 단순히 에너지를 안정적으로 확보하는 것만으로는 충분하지 않다. 이제 정책 결정자들은 '녹색 에너지의 확대'와 '효율적인 에너지 사용'까지 포함해, 더 넓은 시각에서 에너지 주권을 바라봐야 한다.

유럽은 재생에너지 비중을 꾸준히 늘리며 화석연료 수입에 대한 의존을 줄여가고 있다. 이런 변화 속에서 유럽외교협의회(ECFR)는 각국의 에너지 자립 정도를 종합적으로 살펴보기 위해 '에너지 주권 지수(Energy Sovereignty Index)'를 만들었다. 이 지수는 단순히 에너지를 얼마나 수입하느냐가 아니라, 각 나라가 얼마나 자율적이고 지속 가능한 방식으로 에너지를 생산하고 소비하는가를 평가한다.

그동안 '에너지 주권'은 주로 '에너지 안보', 즉 에너지를 안정적으로 확보하는 문제로 이해되어 왔다. 하지만 러시아의 우크라이나 침공(2022) 이후 ECFR은 이 개념의 범위를 한층 넓혔다. 이제 에너지 주권은 단순한 공급 안정성을 넘어, 지정학적 안정성, 탈탄소화, 효율성, 그리고 사회적 논의의 폭이 결합한 종합적인 역량으로 새롭게 정의된다. 결국 에너지 주권은 한 나라의 에너지 체계가 얼마나 스스로의 힘으로, 그리고 지속 가능한 방식으로 움직이고 있는가를 보여주는 새로운 시대의 기준이 되고 있다.[24]

---

24) Szymon Kardaś(2024.11) "Energy Sovereignty Index: Gains, Gaps, and The Road Ahead", *ECFR*.

농업에서의 식량 주권(food sovereignty) 운동이 거대 종자 기업의 지배에 맞서 지역사회가 스스로 종자를 지키고 생태적 방식으로 식량을 생산하려는 움직임과 같이, 에너지 주권(energy sovereignty) 역시 동일한 문제의식을 공유한다. 즉 중앙 집중식·대기업 중심의 에너지 구조에서 벗어나, 지역 공동체가 스스로 결정권을 가지고 태양광·풍력 등 재생에너지를 통해 에너지를 생산하고 사용하는 분산형 체계를 지향한다.

그러나 에너지 주권은 단순히 기술적 자립의 문제가 아니다. 그것은 누가 에너지를 통제하고, 그 이익이 누구에게 돌아가며, 그 과정에서 누가 배제되느냐는 더욱 근본적인 민주주의와 정의의 문제를 제기한다. 지역 주민이 에너지 정책 결정 과정에 참여하고, 생산과 소비의 부담이 공정하게 분담되며, 그동안 배제되어 온 집단의 목소리가 제도 속에 반영될 때 비로소 진정한 에너지 주권이 실현된다. 따라서 에너지 주권은 단순한 '자급'의 개념을 넘어 정의·참여·책임의 가치를 포괄한다. 기술적으로 재생에너지 자립이 가능해진 오늘날, 남은 과제는 기술의 문제가 아니라 주민의 역량 강화와 제도적 기반 마련, 그리고 "함께 결정하고 함께 책임지는 에너지 문화"의 정착이다.[25]

라틴아메리카는 세계에서 가장 풍부한 재생에너지 자원을 가진 지역이다. 안데스의 강한 바람, 아타카마 사막의 강렬한 햇빛,

---

25) Cristian Timmermann & Eduardo Noboa(2022.11), "Energy Sovereignty: A Values Based Conceptual Analysis", *Science and Engineering Ethics*, pp. 2-3.

그리고 아마존 유역의 풍부한 수자원은 거대한 수력·풍력·태양광 잠재력을 형성한다. 이러한 자연 조건 덕분에 이 지역은 이미 전력의 절반 이상을 재생에너지로 생산하며, 탄소 중립 전환의 선두에 서 있다.[26]

그러나 재생에너지가 풍부하다고 해서 자동으로 '에너지 독립'이 보장되는 것은 아니다. 자원이 많더라도 그 생산과 기술, 금융 구조를 스스로 통제하지 못하면 실질적인 자율성은 확보되지 않는다. 국가별로 보면 차이가 뚜렷하다. 브라질과 콜롬비아는 비교적 높은 수준의 에너지 자립도와 기술 내재화를 이뤄낸 나라들이다. 브라질은 오랜 수력 중심의 전력 구조 위에 바이오매스·풍력·태양광을 결합해 자급률을 높이고, 국산 장비 산업을 통해 기술적 자율성을 확대하고 있다. 콜롬비아 역시 석유 수출국이자 수력 강국으로서 재생 전력의 안정적 공급 기반을 갖추고 있다. 반면 멕시코, 아르헨티나, 페루는 풍부한 자원을 보유하고도 기술·자본의 외국 의존도가 높아 에너지 정책의 자율성이 제한적이다. 멕시코는 미국산 천연가스와 전력 기술에 대한 의존이 심화했고, 아르헨티나와 페루는 생산 역량은 있으나 정책과 금융 구조에서 외부 영향이 크다. 칠레·파라과이·우루과이·볼리비아는 전력 자급은 가능하지만, 핵심 인프라와 기술의 상당 부분을 해외에 의존하는 구조를 보인다.[27]

---

26) IEA(2023. 11), "Latin America Energy Outlook ", pp. 2-3.
27) IEA(2023. 11), op.cit. pp. 34.

　이처럼 에너지 전환의 격차와 의존 구조의 불균형은 지역 전반의 취약성을 드러낸다. 외부 기술과 자본이 에너지 체계를 좌우하는 한, 이 지역의 전환은 여전히 불완전할 수밖에 없다. 그럼에도 일부 국가는 이러한 현실을 바꾸기 위한 노력을 본격화하고 있다. 브라질은 기후변화로 인한 가뭄 위험을 줄이기 위해 태양광·풍력·바이오연료를 결합한 다원형 전원 체계로 이동하고, 장거리 HVDC 송전망과 저장 인프라를 확충해 '국가 전력망의 자율성'을 강화하고 있다. 멕시코는 미국 의존도를 줄이기 위해 자국 내 풍력·태양광 프로젝트를 확대하고, 송전망 현대화와 민관 공동 투자를 추진 중이다. 아르헨티나는 비전통 가스전 바까 무에르따(Vaca Muerta)와 리튬 자원을 병행 개발하며, 화석연료 수익을 재생에너지와 CCUS(탄소 포집·저장·활용) 투자로 전환하려는 전략을 세우고 있다. 칠레는 세계 최고 수준의 일사량과 바람을 활용해 그린수소와 녹색 암모니아 산업을 육성하지만, 금융과 기술의 해외 의존을 줄이는 것이 여전히 과제다.[28]

　이러한 시도들은 탈탄소화가 단순한 기후 대응이 아니라, 에너지 체계의 통제권을 되찾고 산업적 자율성을 확대하는 과정임을 보여준다. 이 맥락에서 포르투갈의 경험은 중요한 참고 사례다. 포르투갈은 2005년 이후 재생에너지 비중을 꾸준히 높이며, 2011년까지 에너지 수입 의존도를 23% 낮추고 발전 설비의 13%

---

28) IEA(2023.11), op .cit. pp. 20-25.

를 재생에너지로 전환했다. 수력과 풍력의 결합, 스페인과의 송전 연계, 양수식 수력 발전의 확충은 전력 시스템의 유연성과 안정성을 높였고, 화석연료 소비가 줄면서 전력 안보 역시 강화되었다. 물론 저장 인프라의 한계와 전기요금 상승이라는 문제가 남았지만, 같은 시기 전력 소비가 9% 늘어난 것은 재생에너지 기반의 공급 체계가 경제 활동을 지탱할 만큼 안정적으로 작동했음을 시사한다. 이 사례는 재생에너지 확대가 단순히 자급력을 높이는 것을 넘어, 전력 안보와 경제적 자율성을 함께 강화할 수 있음을 보여준다.[29]

라틴아메리카가 나아가야 할 방향도 이와 크게 다르지 않다. 이 지역은 이미 수력·풍력·태양광 중심의 전력 구조를 갖추었지만, 이제는 이를 넘어 리튬·구리·희토류 등 전략 광물의 가치사슬 내재화(local value chain)를 추진하고 있다. 브라질의 바이오연료와 수소, 칠레의 녹색 암모니아, 멕시코의 전기차 산업 등은 자원의 풍요를 기술과 산업 자립으로 전환하려는 노력이다. 궁극적으로 라틴아메리카의 과제는 에너지 전환을 외부 자본이 주도하는 시장 모델에서, 지역 역량이 주도하는 발전 모델로 바꾸는 것이다. 그 선택이야말로 불평등한 세계 에너지 질서 속에서 이 지역이 주체적 행위자로 자리 잡는 길이다.

---

29) João Pedro Gouveia et al.(2021), "Effects of renewable penetration on the security of Portuguese electricity supply", Elsevier, p. 446.

제 7 장

라틴아메리카의 에너지 전환

지난 10년은 에너지 부문에 근본적인 변화가 시작된 시기다. 세계 각국의 정책 지원과 급격한 비용 하락을 바탕으로 청정에너지의 보급이 빠르게 확산했다. 태양광과 풍력 발전, 전기차(Electric Vehicle, EV) 및 히트펌프(heat pump)[1] 판매, 배터리 저장 설비는 눈에 띄게 성장했으며, 탄소중립(Net zero)을 목표로 한 국가는 2019년 77개국에서 2023년 145개국으로 늘었다.

---

1) 히트펌프는 전기를 이용해 외부의 열을 실내로 옮기는 장치로, 냉난방을 모두 수행하면서 에너지 효율을 극대화하는 기술이다. 최근 유럽과 미국 등 선진국을 중심으로 급속히 보급되며 화석연료 보일러를 대체하는 탄소중립 시대의 핵심 냉난방 솔루션으로 자리매김하는 추세다. 매일경제(2024.07.03.),「히트 펌프로 이끄는 '에너지 솔루션'」.

그러나 이런 진전에도 불구하고 각국 정부는 높은 인플레이션, 정부 부채 증가, 지정학적 긴장이라는 복합적 도전에 직면해 있다. 신흥국은 물론 선진국에서도 생활비 부담이 이어지는 가운데, 청정에너지 투자가 일부 국가에 집중되면서 선진국과 중국 중심의 전환이 진행된다. 이들 국가 내에서도 에너지 전환의 혜택은 주로 부유한 가계와 기업에 집중되어, 전환의 감당 가능성(affordability)과 형평성(fairness)을 확보하는 것이 지속 가능한 에너지 전환의 핵심 과제로 부상한다.[2]

감당 가능성이란 단순히 청정에너지 기술의 가격이 내려가는 것만을 의미하지 않는다. 그것은 저소득층과 취약 계층이 새로운 기술을 실제로 도입하는 환경, 산업이 경쟁력을 유지하는 기반, 그리고 정부가 필요한 곳에 지원을 집중하는 재정 여력을 모두 포함한다. 에너지 전환이 제대로 이루어지려면 이런 과정이 효율적으로 관리되어 불필요한 비용과 충격을 최소화해야 하며 모든 국가와 사회 집단이 공정한 기회를 가질 수 있어야 한다. 또한 예상치 못한 위기 상황에서도 버티는 회복력(resilience)을 갖추는 것도 중요하다. 기술의 가격이 소비자 수준에서 접근 가능해지고, 그 사회경제적 혜택이 널리 확산할 때 비로소 기술 발전과 규모의 경제가 취약 계층을 위한 투자로 이어질 수 있다.[3]

---

2) IEA(2023.11.), "Latin America Energy Outlook ", pp. 140-141.
3) IEA(2024.05.), "Strategies for Affordable and Fair Clean Energy Transitions", World Energy Outlook Special Report, pp. 22-32.

그러나 현실의 격차는 여전히 크다. 전 세계에는 아직도 약 7억 5천만 명이 전기를 사용하지 못하며 선진국에서도 2022년 에너지 위기 이후 '에너지 빈곤(Energy Poverty)' 문제가 다시 수면 위로 떠올랐다. 한때 미국과 EU, 중국을 중심으로 낮은 금리와 안정된 경제 환경 속에서 청정에너지 전환이 빠르게 진행되었지만, 코로나19 팬데믹과 러시아의 우크라이나 침공 이후 상황은 완전히 달라졌다. 금리 상승과 인플레이션, 지정학적 긴장이 겹치면서 이제 이런 거시적 변화들이 청정에너지 전환의 감당 가능성을 흔드는 새로운 변수로 등장한다.[4]

신흥국과 EMDE에서는 소득 계층 간 격차가 훨씬 크다. 이들 국가의 최빈층은 부유층의 4분의 1만큼의 에너지를 소비하며 에너지 접근성 자체가 낮아서 소득 대비 에너지 지출 비중도 적다. 전체 가정용 에너지의 약 40%가 여전히 전통적인 바이오매스에 의존하며 현대적 에너지—석유, 전기, 가스—소비는 선진국의 3분의 1 수준에 불과하다. 역사적으로 전력 소비와 GDP 성장은 대체로 같은 흐름을 보여왔다. 경제가 활기를 띠면 산업 활동, 제조업, 서비스업이 확장되면서 전력 수요가 늘어나고 동시에 값싸고 안정적인 전기 공급은 이러한 부문들의 성장을 뒷받침하며 경제 발전으로 이어졌다. 이는 특히 신흥국과 개발도상국에서 더욱 두드러진 현상이었다.[5]

---

4) IEA(2024.05.), Ibid., pp. 23-25.
5) IEA(2025.02.), op. cit., p. 16.

최근 몇 년간 전 세계는 에너지 가격 급등으로 큰 충격을 받았다. 특히 저소득층과 개발도상국이 가장 큰 타격을 입으면서 에너지 전환의 형평성과 감당 가능성이 중요한 사회적 의제로 떠올랐다. IEA는 이번 위기의 원인을 청정에너지 확산이 아니라 러시아의 천연가스 공급 축소에서 찾는다. 오히려 재생에너지와 효율 기술에 대한 투자가 부족했기 때문에 각국이 연료 가격 변동에 더 취약해졌다. 실제로 재생에너지 확대는 장기적으로 에너지 비용을 낮추고, 기후변화 대응과 대기질 개선, 에너지 안보 강화를 동시에 달성하는 길로 제시된다.[6]

무엇보다 에너지 가격의 감당 가능성을 유지하는 일은 라틴아메리카 각국 정부가 직면한 중요한 과제 중 하나다. 그러나 이를 실현하기 위한 재정적 부담은 갈수록 커지고 있다. 각국은 에너지 위기 속에서도 다양한 보조금 제도와 가격 지원 정책을 시행하며, 평균 가계의 에너지 지출 비중을 소득의 3-10% 수준으로 억제해 왔다. 그럼에도 저소득층 가구는 여전히 고소득층보다 소득 대비 에너지 지출 비중이 높고, 가격 변동에 훨씬 더 민감하다. 이런 구조적 불평등을 해소하기 위해 정부는 단순한 보조금 확대를 넘어, 저소득층을 대상으로 한 표적 지원과 함께 보조금·세제 혜택·혁신적 금융 구조를 결합한 청정기술 보급 정책을 강화해야 한다.

이 과정에서 시민과 지역공동체의 참여는 무엇보다 중요하다.

---

6) IEA(2024.05.), op. cit., pp. 3-4.

에너지 전환이 성공하려면 공공의 지지를 얻고, 지역의 현실과 시각을 반영하며, 다양한 주체들의 아이디어를 모아 지속 가능한 방향을 모색해야 한다. 이런 이유로 최근 라틴아메리카 여러 국가는 국가 에너지 전환 전략 수립 과정에서 광범위한 공공 협의를 진행하고 있다. 이러한 참여는 단순히 사회적 합의를 위한 절차가 아니라, 기후변화 대응에 지역의 생태 지식을 반영할 수 있는 통로이기도 하다.

대표적으로 페루는 「기후변화 기본법(Ley Marco sobre el Cambio Climático)」 제정 과정에서 원주민 공동체와의 사전 협의를 거쳐 '기후변화 대응을 위한 원주민 플랫폼(Plataforma de los Pueblos Indígenas para enfrentar el Cambio Climático, PPICC)'을 설립했다. 이 플랫폼은 원주민들이 제안한 기후 완화·적응 프로젝트를 직접 관리하고 모니터링하는 자율 기구로, 지역 생태 지식을 정책 설계에 반영하는 새로운 거버넌스 모델을 보여준다.

파나마의 'SDG 7 아카데미(Academia ODS 7 para Jóvenes en Energía)'는 청년들이 에너지 기술과 리더십을 배우고, 에너지 전환 과제를 실천하는 청년 리더 네트워크를 육성하기 위한 프로그램이다. 청년과 원주민이 함께 참여하는 이러한 구조는 에너지 전환을 '정부 정책'의 차원을 넘어 '공동체의 실천'으로 확장하고 있다.

한편 멕시코와 칠레는 시민의 자발적 참여를 이끌기 위해 각각 에너지 절약 인식 제고 캠페인(Campañas de concienciación sobre el ahorro de energía)과 국가 에너지 전환 전략 공개 협의(Estrategia Nacional de Transición Energética-Proceso de Consulta Pública)를 추진하고

있다. 두 나라 모두 지역 단위의 공동체 에너지 프로젝트가 빠르게 확산하면서, 재생에너지 보급 확대와 효율 향상, 전기요금 절감, 전력 안정성 확보, 지역 일자리 창출 등 다층적인 효과를 거두고 있다.

특히 브라질의 '헤볼루솔라르 프로그램(Programa RevoluSolar)'은 이러한 변화의 상징적인 사례다. 이 프로그램은 협동조합 모델을 통해 히우 지 자네이루(Rio de Janeiro)의 파벨라(favela)[7] 주민들이 직접 태양광 설비 설치와 유지보수 교육을 받고 시공에 참여하도록 한다. 현재까지 훈련받은 인력의 80%가 여성으로, 이는 에너지 전환이 성평등과 포용적 고용의 기회로 이어질 수 있음을 잘 보여준다.[8]

지속 가능한 에너지 안보

에너지 안보는 오랫동안 국가의 생명선으로 여겨져 왔다. 과거에는 석유와 가스를 안정적으로 확보하고, 합리적인 가격에 끊김 없이 공급받는 것이 전부였다. 1970년대 석유 파동 이후 각국 정부의 관심은 오직 '얼마나 많이, 얼마나 안정적으로 들어오는가'에 맞춰져 있었다. 그러나 오늘의 현실은 완전히 달라졌다. 기후위기와 디지털 기술의 확산, 전쟁과 지정학적 갈등, 그리고 사회 불평등이

---

7) 파벨라는 브라질 대도시 주변에 형성된 비공식 주거지로, 국가의 공식 도시계획과 토지 제도 밖에서 성장한 도시 공간이며, 흔히 빈곤의 상징으로 인식된다.
8) IEA(2023.11), op. cit. pp. 143-144.

맞물리며 에너지 안보는 단순한 공급 문제가 아닌 사회 구조와 경제 체질의 문제로 바뀌었다. 이제 에너지 체계의 안정성을 결정짓는 것은 자원의 양이 아니라 누가 그것을 감당할 수 있고, 그 과정이 얼마나 공정하게 작동하느냐에 있다. 감당 가능성과 형평성, 이 두 축이야말로 21세기 에너지 안보의 새로운 기준이 된다.

IEA와 세계경제포럼(WEF)은 "모든 사람이 감당할 비용으로 안정적이고 청정한 에너지에 접근하는 상태"를 진정한 에너지 안보로 정의한다. 이제 에너지는 단순한 상품이 아니라 모두가 누려야 할 공공적 권리이다. 전환의 비용이 일부 계층에만 집중된다면 그 사회의 변화는 오래가지 못한다. 재생에너지 설비가 특정 지역에만 몰리고, 전기요금이 서민에게 과도한 부담으로 돌아온다면 결국 사회에는 불만이 쌓이고 정치적 반발이 뒤따른다. 공정하고 감당할 전환만이 지속 가능한 안보의 조건이다.[9]

감당 가능성과 형평성은 단순한 복지나 사회 정책의 문제가 아니다. 그것은 에너지 안보의 '지속 가능성(sustainable security)'을 지탱하는 핵심이다. 전환의 부담이 불공정하게 나뉘거나 일부만 감당할 수 있다면, 결국 사회적 갈등이 커지고 정책은 후퇴한다. 안정적인 에너지 체계를 유지하려면 공급망의 회복력뿐 아니라 사회 전체의 회복력도 함께 갖추어야 한다. 이처럼 세계는 지금 청정에너지 전환의 '비용과 형평성'이라는 이중 과제 앞에 서 있다.

---

9) WEF(2025.06.), "Fostering Effective Energy Transition 2025", *Insight Report*, p. 23.

금리 상승과 인플레이션, 지정학적 불안이 복합적으로 작용하며 에너지 전환의 속도와 방향을 가늠하기 어려운 시대다.

그러나 이런 불확실성 속에서 라틴아메리카의 선택은 중요한 의미가 있다. 이 지역은 풍부한 재생에너지 자원과 핵심 광물을 보유해, 글로벌 에너지 전환의 새로운 공급 축이 될 잠재력을 지닌다. 동시에 대부분 국가가 고금리와 외채 부담, 사회적 불평등이라는 구조적 제약에 직면해 있어, 에너지 전환의 감당 가능성과 사회적 포용을 어떻게 조화시킬지가 관건이다.

즉 라틴아메리카가 직면한 도전은 단순히 '따라잡는 전환'이 아니라 '새로운 길을 설계하는 전환'이다. 풍부한 천연자원을 어떻게 활용하느냐에 따라, 이 지역은 에너지 전환의 수동적 수혜자일 수도 있고, 세계 질서를 재편하는 능동적 주체가 될 수도 있다. 이미 여러 나라가 재생에너지 산업을 자국 산업 정책과 연계하고, 핵심 광물 가공과 기술 내재화를 시도한다. 그러나 진정한 전환은 단순히 더 많은 전기를 생산하거나 수출하는 데 있지 않다. 에너지 시스템이 사회적 불평등을 줄이고, 지역 공동체의 자립과 복원을 끌어낼 때 비로소 '전환'은 새로운 의미가 있다.

지난 10여 년 동안 세계 에너지 시스템은 형평성, 안정성, 지속가능성 세 측면에서 점진적으로 개선됐다. 재생에너지 확대와 탄소 배출 감소 덕분에 지속 가능성은 가장 큰 폭으로 진전되었지만, 여전히 기후 목표에 부합하는 수준에는 이르지 못했다. 국가 간, 계층 간 에너지 형평성의 격차는 여전하고, 공급망 불안과 전력망 노후화 같은 구조적 한계도 남아 있다. 산업 활동이 회복된

이후 일부 지역의 배출량이 다시 증가하며 '지속 가능한 전환'의 진전은 여전히 불균등하다.[10]

안정성의 관점에서 보면, 에너지 안보는 점점 더 복합적인 문제로 변한다. 전력 공급의 다양화와 재생에너지 통합이 진전되었지만, 송전망의 유연성과 회복력은 여전히 취약하다. 특히 AI과 데이터센터 확산으로 전력 수요가 급증하면서, 기존 전력망은 새로운 부하를 감당하기 어려워졌다. 앞으로의 에너지 안보는 단순히 에너지원의 다양성보다 충격을 흡수하고 빠르게 대응하는 적응력 있는 시스템, 즉 '회복력 있는 인프라' 구축에 달려 있다.[11]

세계경제포럼(WEF)의 「에너지 안보 지표(2016-2025)」에 따르면, 지난 10년간 대부분 지역에서 에너지 안보는 점진적으로 개선되었다. 선진국은 다변화된 공급망과 안정적인 전력망을 바탕으로 여전히 가장 높은 점수를 기록했지만, 노후 인프라와 수입 의존이 구조적 한계로 지적되었다. 반면 신흥 아시아와 사하라 이남 아프리카는 에너지 다변화와 수요 증가 속도 면에서 빠르게 진전했으나, 인프라 용량과 전력망의 유연성이 뒤따르지 못했다. 이들 사이에서 라틴아메리카와 카리브 지역은 비교적 안정적이며 지속적인 개선세를 보였다. 높은 재생에너지 비중과 비교적 안정적인 전력 공급이 강점이지만, 전력망의 노후화와 송배전 손실, 제도적 불안정성은 여전히 과제로 남아 있다(〈표 3〉 참조).

---

10) IEA(2024.05.), op. cit., pp. 22-23.
11) IEA(2024.05.), op. cit., pp. 24-25.

지역 구분	2025년 평균 점수	1년 변화율	10년 변화율	주요 내용	기회 요인	도전 과제
선진국	72.9	0.0%	+1.0%	■ 공급 다변화와 견고한 인프라 ■ 낮은 혼란 수준 기반 주도적 위치 ■ 에너지원 다양성과 시스템 유연성	■ 다변화된 에너지 공급 경로 및 원천 ■ 높은 송전망 신뢰도 및 운영 성과	■ 구조적 에너지 수입 의존성 ■ 노후 인프라로 인한 장기적 시스템 회복력 위험
신흥 아시아	64.8	-0.6%	+5.5%	■ 에너지 수요 증가가 인프라 용량 초과에 따른 시스템 유연성 약화	■ 비교적 높은 에너지 공급 다변화 수준	■ 수요 급증 및 수입 의존도 상승 ■ 송전망 혼잡 및 낮은 유연성
신흥 유럽	68.2	+2.1%	+8.3%	■ 공급원 다변화, 수입 의존도 감소 ■ 전력망유연성 향상에 따른 에너지 안보 개선	■ 에너지 수입 파트너의 다양화 확대	■ 지속되는 수입 의존도 ■ 송전망 비효율 및 노후 인프라
라틴 아메리카 및 카리브해	66.4	+0.3%	+0.2%	■ 송전망 불안정과 높은 배전 손실로 인한 회복력 제약 및 미미한 개선	■ 전력 시스템 신뢰성 안정적 유지 ■ 에너지원 다변화 확대	■ 평균 16%에 달하는 높은 송·배전 손실 ■ 전력 시스템 유연성 저하
중동 아프리카 및 파키스탄	65.6	-0.5%	+2.0%	■ 전력망 유연성과 에너지 공급 다변화 약화에 따른 에너지 안보 점수 하락	■ 일부 국가의 강력한 국내 에너지 생산 기반 ■ 낮은 에너지 수입 의존도	■ 제한적인 송전망 유연성 ■ 공급 다변화 부족

표 3 · 지역별 에너지 안보 지표의 비교와 추세(2016-2025).

출처: WEF(2025.06.), "Fostering Effective Energy Transition 2025", *Insight Report*, p. 24.

이처럼 각 지역이 서로 다른 조건에서 저마다의 회복력을 길러 가는 가운데, 라틴아메리카는 에너지 안보와 전환의 교차점에서 새로운 실험을 이어간다. 브라질에서는 수천 킬로미터에 이르는 초고압 송전망이 아마존의 수력과 북동부의 풍력, 남부의 태양광을 잇는다. 전력은 산업 지대를 향해 대륙의 동맥처럼 흐르며 '재생에너지원 전기'가 국가 통합망을 구성한다. 칠레는 아타카마 사막의 강렬한 태양 빛을 포착해 수도 산티아고로 실어 나르고, 콜롬비아는 수력 의존을 줄이기 위해 풍력과 태양광을 결합한 새로운 전력 시스템을 실험 중이며 멕시코는 북미 전력망과 연계하며 안정적 공급망을 강화한다. 각국의 길은 다르지만, 모두가 하나의 방향—송전망의 현대화, 에너지 저장 기술, 지역 간 협력—을 통한 에너지 안보의 달성이다.

에너지의 미래는 더 이상 자원의 양이나 발전 용량을 늘리는 데 있지 않다. 기술적 회복력과 사회적 회복력 위에 지속 가능한 에너지 안보 체계를 구축하는 것이 그 핵심이다. 즉 전자는 송전망과 공급망이 위기 속에서도 흔들리지 않고 작동하는 안정성과 함께 국민이 감당할 요금과 공정한 접근성이 확보되어야 전환이 완성된다. 따라서 오늘날의 에너지 안보는 '얼마나 많은 에너지를 확보했는가?'가 아니라 '누가, 어떤 방식으로 그 에너지를 사용하는가?'이다. 불평등한 전환은 오래가지 못한다. 감당할 수 있고, 모두에게 열려 있으며 지역의 삶을 지탱하는 전환만이 진정한 지속 가능성을 만든다.

에너지 전환과 탄소 크레딧

라틴아메리카의 에너지 전환은 이제 단순한 청정에너지 확산을 넘어, 탄소 감축의 글로벌 실험장으로 변모한다. 수력 이후 빠르게 성장 중인 풍력과 태양광은 이 지역을 에너지 전환의 최전선으로 이끌지만, 진정한 탈탄소는 기술 혁신과 금융 구조의 변화 없이는 불가능하다. 이때 등장한 것이 바로 탄소 크레딧(Carbon Credit)이다. 잘 설계된 크레딧은 기후 대응 자금을 끌어들이는 통로가 되지만, 제도적 신뢰가 부족할 경우 기업의 '면죄부 시장'으로 전락할 위험도 안는다.

브라질의 산림 복원 크레딧, 칠레의 그린수소 연계 감축 사업, 콜롬비아의 메탄 저감 프로젝트는 모두 새로운 성장 동력을 보여주는 사례다. 그러나 시장이 외국 자본 중심으로 흘러간다면, 이익은 다시 해외로 빠져나가고 지역사회는 소외될 수밖에 없다. 이러한 불균형은 에너지 정의(Energy Justice)[12]의 문제와 맞닿아 있다. 에너지 정의란 에너지의 생산·유통·소비 전 과정에서 형평성과 공정성을 보장하려는 개념으로, 단순히 얼마나 많은 에너지를 확보하느냐가 아니라 누가 그 혜택을 누리고, 누가 비용과 피해를 감당하는가에 주목해 '공정한 전환'을 가르는 기준이다.

---

12) Kirsten Jenkins et al.(2016), "Energy Justice: A Conceptual Review", *Energy Research & Social Science*, 11, pp. 174-182.

라틴아메리카의 에너지 전환은 기술의 문제가 아니라 사회 구조의 시험대에 가깝다. 재생에너지 설비가 늘어나고 해외 투자가 유입되지만, 그 이익이 지역사회로 고르게 확산하지 않는다면 전환은 불완전하다. 풍력과 태양광 단지가 늘어나도 지역 주민이 의사결정 과정에서 배제되고 전기요금 부담만 늘어난다면, 그것은 또 다른 형태의 불평등을 낳는다. 에너지를 공공재로 보는 시각에서, 누구나 안정적이고 감당 가능한 비용으로 접근하는 구조를 만드는 것이 진정한 전환이다. 에너지 정의는 바로 이러한 형평성과 참여, 그리고 신뢰를 에너지 시스템의 핵심 가치로 세운다.

브라질의 초고압 송전망, 칠레의 사막 태양광, 콜롬비아의 복합형 발전, 멕시코의 북미 연계망은 모두 정의로운 전환을 향한 실험이다. 하지만 여전히 제도적 장벽, 자본 의존, 기술 격차가 존재한다. 라틴아메리카가 맞이한 과제는 단지 에너지를 바꾸는 것이 아니라 에너지가 사회 속에서 작동하는 방식을 바꾸는 일이다. 지속 가능한 전환은 불평등을 줄이고 지역의 삶을 지탱하는 구조를 만드는 과정이어야 한다.

탄소 크레딧은 이런 전환의 보조 엔진으로 작동할 수 있다. 산업 부문에서는 CCUS, 그린수소, 고효율 설비가, 금융 부문에서는 MRV와 국가 녹색분류체계, 디지털 검증 시스템이 핵심을 이룬다. 라틴아메리카가 이 과정을 주도적으로 설계한다면, 탄소 크레딧은 단순한 감축 수단을 넘어 '녹색 자립 경제'로 전환하는 산업 전략이 될 수 있다. 그러나 지역별 인프라 격차와 금융 접근성의

한계, 외자 의존 구조는 여전히 큰 장벽으로 남아 있다.[13]

　세계적으로도 청정에너지 금융의 접근성은 기술 확산 속도를 결정짓는 핵심 변수다. 유럽과 일부 아시아 국가는 정책 일관성과 자본 접근성을 바탕으로 전환을 가속하지만, 많은 신흥국은 재원 부족과 제도적 불확실성으로 뒤처진다. 이런 불균형은 글로벌 에너지 정의의 새로운 격차로 확산한다. 이에 맞서 미국과 유럽은 중국에 치우치지 않은 파트너십을 내세우며 기술·투자 협력을 확대한다. EU는 기후 협력과 제조 보조금을 강화하며 자국 산업을 보호하고, 미국은 인플레이션 감축법을 통해 자국 중심의 청정수소 시장을 구축하려 한다. 그러나 현실적으로 라틴아메리카의 송전망, 재생 단지, 배터리 프로젝트 상당수가 이미 중국과 연결되어 있어, 하나의 진영에 속하기보다 균형의 정치(balance politics)를 유지하는 전략이 불가피하다.[14]

　결국 라틴아메리카는 에너지 공급지로 남을 것인가, 아니면 에너지 주권을 회복할 것인가의 기로에 서 있다. 라틴아메리카는 수력 중심의 청정 전원 구조 덕분에 유리한 출발선을 가지지만 다음 단계로 나아가기 위해서는 자원 변동성, 가뭄, 송전 병목과 같은 물리적 한계와, 높은 초기 비용·금융 불안·신뢰 부족 같은 제도적 틈을 메워야 한다. 정부의 로드맵, R&D, 보조금, 공동 조달, 선

---

13) IEA(2025.02.), "Electricity 2025: Analysis and forecast to 2027", p. 13.
14) Strategic Enery Europe(2024.11.27.), "Europe must strengthen its solar inverter manufacturing base".

구매 약정, 블렌디드 파이낸스 같은 정책적 도구와 함께, 탄소 크레딧은 전환의 속도를 높이는 보조 장치로 작동할 수 있다.[15)

결국 탄소 크레딧은 면죄부가 아니라 변화를 이끄는 촉매제여야 한다. 초기에 프로젝트의 수익성을 높여 투자자의 발걸음을 이끌고, 제도가 자리를 잡으면 그 수익이 다시 새로운 혁신으로 돌아가는 선순환을 만들어야 한다. 이런 순환이 작동하려면 믿을 만한 규칙과 데이터, 그리고 공공의 든든한 뒷받침이 필요하다. 그래야 탄소 크레딧이 에너지 전환의 속도를 높이고, 라틴아메리카의 풍부한 자연자산을 스스로 산업 기회로 바꿔낼 수 있다.[16)

라틴아메리카는 수력 중심의 청정 전원 구조 덕분에 전환의 유리한 출발선을 갖췄지만, 가뭄과 송전 병목 같은 물리적 제약과 높은 초기 비용, 제도적 신뢰 부족이 여전히 걸림돌이다. 이를 메우기 위해선 정책과 금융의 결합이 필요하며 정부의 로드맵과 보조금, 민관 공동 투자가 토대를 이루고 탄소 크레딧이 전환의 속도를 높이는 보조 엔진이 될 수 있다.[17) 이런 흐름은 공급망 다변화를 추진하는 유럽과 미국의 움직임, 그리고 탄소국경조정제도

---

15) WEF(2025.06.), op. cit., p. 50.
16) 탄소 크레딧은 초기·중간 단계의 청정에너지 프로젝트에 수익성과 투자 명분을 더해, '죽음의 계곡'이라 불리는 상용화 단절 구간을 완화한다. IEA(2024.04.), "The Role of Carbon Credits in Scaling Up Inovative Clean Energy Technologies", pp. 43-59.
17) IEA(2024.04.), "The Role of Carbon Credits in Scaling Up Inovative Clean Energy Technologies", pp. 7-9.

(Carbon Border Adjustment Mechanism, CBAM)와도 맞닿아 있다.[18]

생태 자산 역설의 전환

라틴아메리카의 풍부한 자연은 오랫동안 축복으로 여겨졌지만, 오늘날 그것은 새로운 형태의 의존과 착취의 현장으로도 변모한다. 과거 이 지역의 에너지 전환은 미국과 유럽 중심의 질서 속에서 구조화되었지만, 이제는 그 중심이 점차 중국으로 이동한다. 중국은 댐과 송전망, 태양광·풍력 단지, 배터리 프로젝트까지 포괄하는 '녹색 인프라 패키지'로 라틴아메리카 전역에 깊숙이 뿌리내리고 있다. 브라질의 초고압 송전망, 아르헨티나 까우차리 태양광 단지(Parque Solar Cauchari), 파나마의 대형 발전소들은 모두 이 변화의 단면이다.

이전까지 미국이 주도하던 기술과 자본의 흐름은, 이제 중국의 금융과 제조력, 그리고 속도에 밀려 재편된다. 미국과 유럽이 기후기금과 규제 정책을 내세운다면, 중국은 인프라와 자본을 내세워 시장을 선점한다. 라틴아메리카는 더 이상 소비의 변방이 아니라 기술·자본·자원의 경합이 벌어지는 지정학적 전장이 되었다.[19]

---

18) Mauricio Cárdenas & Pierpaolo Cazzola(2023.10.24.), "EU and LAC Climate Collaboration: Renewable Energy", *Center on Global Energy Policy*.
19) IEA(2023.10.17.), "Electricity Grids and Secure Energy Transitions: Enhancing the foundations of resilient, sustainable and affordable power systems", pp. 50-52.

그러나 이러한 '전환'이 곧 진보를 의미하지는 않는다. 생태 자산은 새로운 패권의 도구가 되었고, 지역 사회는 여전히 외부 자본의 논리에 종속되어 있다. 발전소와 광산이 늘어도 지역 주민은 여전히 전력 접근에서 배제되고, 개발의 명분 아래 원주민 공동체의 터전과 생태계가 파괴된다. 브라질 아마존의 보호 구역과 빠라(Pará), 아마존(Amazonas)주의 사례는, 행정의 부재와 느슨한 법체계 속에서 공동체가 얼마나 취약한지를 보여준다. 풍요로운 생태가 곧 생존의 위협으로 바뀌는 아이러니, 이것이 바로 '생태 자산의 역설'이다.

그럼에도, 이 역설 속에는 또 다른 가능성이 있다. 라틴아메리카는 AI와 데이터센터 확산으로 폭증하는 전력 수요, 그리고 탈탄소 전환이라는 두 개의 모순적 도전을 동시에 해결하는 실험장이 된다. 태양광·풍력·수력의 다양성과 자원 기반은 이 지역을 '디지털 기반의 에너지 전환 실험실'로 바꿔놓는다. 그러나 송전망 확충, 지역 갈등, 투자 종속이라는 난제는 여전히 발목을 잡는다. 각국이 직면한 과제는 단순히 에너지를 청정하게 만드는 것이 아니라 누가 그 에너지를 통제하고 이익을 나누는가의 문제이다. 에너지 전환이 불평등을 재생산한다면, 그것은 지속 가능한 변화가 아니라 또 다른 종속의 형태일 뿐이다.[20]

---

20) T.G.A. Nunes et al.(2023.11.), "Os Financiamentos Chineses em Energias Renováveis na América Latina e os Desafios das Mudanças Climáticas", *IPEA*, pp. 20-37.

중국의 재생에너지 투자는 분명 녹색 전환을 촉진했지만, 그 금융의 70% 이상이 여전히 석유·가스·석탄에 머물러 있다는 사실은 '녹색화된 제국주의'의 그림자를 드리운다. 반면 미국과 유럽은 인플레이션 감축법(IRA)과 탄소국경조정제도(CBAM)를 통해 공급망을 자국 중심으로 묶으며 또 다른 형태의 정책적 식민화를 시도한다. 이러한 두 축의 경쟁 속에서 라틴아메리카는 선택의 기로에 서 있다. 단순한 원자재 공급지로 남을 것인가, 아니면 생태 자산을 바탕으로 기술 내재화와 산업 주권을 회복할 것인가.[21]

라틴아메리카는 중국의 해외 에너지 투자 중에서도 상대적으로 청정에너지 비중이 높은 지역이다. 중국의 국유기업뿐 아니라 민간기업들도 입찰, 인수합병, 엔지니어링, 기자재 공급 등 다양한 형태로 진출하며 이 지역은 중국의 '녹색화된 국제협력 전략'을 시험하는 무대가 된다. 최근에는 중국의 금융 기관과 상업은행들도 석탄과 석유에서 벗어나 태양광·풍력 프로젝트로 시선을 돌리고 있다. 이는 단순한 시장 진출을 넘어, 중국이 글로벌 청정에너지 공급망의 표준과 속도를 주도하려는 전략적 행보로 볼 수 있다.[22]

하지만 이런 전환의 이면에는 여전히 불균형한 구조와 지역적 취약성이 존재한다. 세계의 저탄소 에너지 생산 기회는 넓게 퍼져 있지만, 청정 기술과 핵심 광물의 80% 이상은 중국·미국·EU 등

---

21) T.G.A. Nunes et al.(2023.11.), Ibid., pp. 52-55.
22) T.G.A. Nunes. et al.(2023.11.), Ibid., pp. 52-55.

세 지역에 집중되어 있다. 기술 발전이 가격을 낮추는 데 기여했지만, 동시에 공급망 의존도를 높여 또 다른 위험을 낳았다.

브라질의 사례는 이를 단적으로 보여준다. 산업화 이후 80% 이상을 수력에 의존하던 전력 체계는 2001년 '대정전(Apagão)' 사태를 계기로 한계를 드러냈다. 잦은 가뭄과 대형 댐의 환경 파괴가 겹치며 브라질은 새로운 전원 다변화와 지속 가능한 공급망 확충의 필요성을 절감하게 되었다. 그러나 그 대안이 여전히 외부 자본과 기술 의존을 전제로 한다는 점에서 근본적인 전환으로 보기는 어렵다.[23]

특히 아마존 열대우림 지역(Amazônia)은 이 역설의 중심에 있다. 밀림과 강으로 이루어진 드넓은 공유지에는 수많은 원주민 공동체가 살아가지만, 느슨한 행정과 불완전한 법 적용으로 보호구역조차 안전하지 않다. 개발 프로젝트가 늘어날수록 생태계는 훼손되고, 원주민 사회는 점점 주변으로 밀려난다. 풍요로운 생태 환경이 오히려 취약성과 배제를 낳는 현실, 이것이 바로 라틴아메리카가 직면한 생태 자산의 역설이다.[24]

21세기의 에너지 전환은 더 이상 환경 정책의 문제가 아니다. 그것은 경제의 구조와 사회 정의, 나아가 문명의 방향을 결정하는 정치적 문제이다. 석유와 가스가 한때 국제 정치의 무기였다면,

---

23) 이미정(2023), 「브라질 인프라 개발과 국토 통합의 함의: 지속 가능한 발전을 위한 범위」, 『라틴아메리카 생태를 읽다』, 알렙, 171-173쪽.
24) 이미정(2010), 「브라질 인프라 개발 사업이 국토통합에 주는 함의: 사회-경제 공간 가치의 변형」, 『이베로아메리카』 12(2), 부산외국어대학교 중남미지역원, 270-272쪽.

오늘날의 패권 자원은 리튬·코발트·희토류이다. 이 새로운 자원을 두고 중국, 미국, 유럽이 각축을 벌이는 가운데, 라틴아메리카는 그 한가운데 서 있다.

이 지역의 미래는 외부의 자본과 기술이 아니라 스스로 자연자산을 주권의 기반으로 전환하는지에 달려 있다. 생태의 축복이 더 이상 굴레가 아닌 주권의 토대가 될 때, 비로소 라틴아메리카의 에너지 전환은 '역설의 전환'을 달성할 것이다.

참고문헌

《매일경제》(2024.07.03), 「히트펌프로 이끄는 '에너지 솔루션'」, https://www.mk.co.kr/news/special-edition/11057783(검색일: 2025.10.10.)

Kotra(2024.05.28.), 「2024년 칠레 전력산업 정보」, https://dream.kotra.or.kr/kotranews/cms/news/actionKotraBoardDetail.do?SITE_NO=3&MENU_ID=200&CONTENTS_NO=1&bbsSn=403&pNttSn=215467(검색일: 2025.10.17.)

이미정(2010), 「브라질 인프라 개발 사업이 국토통합에 주는 함의: 사회-경제 공간가치의 변형」, 『이베로아메리카』 12(2), 부산외국어대학교 중남미지역원.

______(2022), 「에너지 패러다임 전환 궤도: 브라질 전력산업 편입의 함의」, 『라틴아메리카연구』 35(1), 한국라틴아메리카학회.

______(2023), 「브라질 인프라 개발과 국토 통합의 함의: 지속 가능한 발전을 위한 범위」, 『라틴아메리카 생태를 읽다』, 알렙.

Abrate(2023), "Sistema de transmissão—Horizonte 2024", https://

abrate.org.br/a-abrate/(검색일: 2025.08.02.)

AET(2025.03.06.), "Industria energética en Colombia", https://
aenert.com/es/paises/america/industria-energetica-en-
colombia/#c44677(검색일: 2025.10.17.)

AET(2025.03.09.), "Energy industry in Peru", https://aenert.com/
countries/america/energy-industry-in-peru/infrastructure/(검색
일: 2025.10.17.)

ANA/Governo Federal do Brasil, https://www.ana.gov.br/sar/sin(검색
일: 2025.08.02.)

AP News(2025.09.27.), "Power outage hits three states in southeast
Mexico, president says", https://apnews.com/article/mexico-
blackout-yucatan-campeche-quintana-roo-250706ca4381f6c6
3f96a29e35d9d7d5(검색일: 2025.10.17.)

Araneda, J.C.(2021), *El Sistema Eléctrico Chileno*, Coordinador
Eléctrico Nacional, Encuentro Virtual de la Región
Iberoamericana de CIGRE (e-RIAC): Desafíos de la Operación
en la Región Iberoamericana, Una Mirada Postpandémica,
https://www.cigre.cl/wp-content/uploads/2021/07/Sistema-
Electrico_CHILE_e_RIAC_2021.pdf(검색일: 2024.10.18).

Ashraf, Muqsit & Bocca, Roberto(2025.06.18.), "Fostering Effective
Energy Transition 2025", World Economic Forum.

Atchison, Julian(2023.07.24), "Hy2gen announces new ammonia
project in Mexico", Ammonia Energy Association, https://
ammoniaenergy.org/articles/hy2gen-announces-new-
ammonia-project-in-mexico/(검색일: 2025.10.10.)

Bauer, Sophia(2023.03.), "A Race to the Top: Latin America 2023:

Wind and solar utility-scale buildout gains speed in Brazil, Chile and Colombia, while Mexico falls behind", Global Energy Monitor, https://globalenergymonitor.org/report/a-race-to-the-top-latin-america/(검색일: 2025.10.17.)

BloombergNEF(2025.01.30.), "Global Investment in the Energy Transition Exceeded $2 Trillion for the First Time in 2024", https://about.bnef.com/insights/finance/global-investment-in-the-energy-transition-exceeded-2-trillion-for-the-first-time-in-2024-according-to-bloombergnef-report/(검색일: 2025.10.10.)

CAMMESA(Compañía Administradora del Mercado Mayorista Eléctrico), "Esquemas Unifilares y Geográficos de la Red", https://cammesaweb.cammesa.com/esquemas-unifilares/(검색일: 2025.10.17.)

Cárdenas, Mauricio & Cazzola, Pierpaolo et al.(2023.10.24.), "EU and LAC Climate Collaboration: Renewable Energy", Center on Global Energy Policy, https://www.energypolicy.columbia.edu/eu-and-lac-climate-collaboration-renewable-energy/(검색일: 2025.10.17.)

CENACE(2024), "Programa de Ampliación y Modernización de la RNT y de los elementos de las RGD que correspondan al MEM(PAMRNT) 2024-2038", Documento autorizado por la Secretaría de Energía.

Cidade, Lúcia Cony Faria et al.(2006.05.04.), "Projeto—Elaboração de subsídios técnicos e documento-base para a definição da política nacional de ordenação do território-PNOT", Relatório Técnico 1.3, MI/SDR/UnB/CDS/IICA/ABIPTI, Brasília.

Climate Action Tracker(2024.11.15.), "Costa Rica", https://climateaction

tracker.org/countries/costa-rica/(검색일: 2025.10.17.)

COES(2024), "Sistema Eléctrico Interconectado Nacional", https://www.coes.org.pe/Portal/publicaciones/estadisticas/estadistica?anio=2024(검색일: 2025.10.17.)

Croxatto, Sofía(2024.12.16.), "Renewable energy in Argentina: a utopia for the global south?", *Energy Transition*, https://energytransition.org/2024/12/renewable-energy-in-argentina-a-utopia-for-the-global-south/(검색일: 2025.10.17.)

Cuéllar, Alejandra(2022.08.26.), "América Latina de olho na COP27: 'O tempo de nos ver como vítimas acabou'", *Dialogue Earth*.

Day, Paul(2024.10.22.), "Chile leads Latin American push to clean hydrogen", *Reuters*, https://www.reuters.com/business/energy/chile-leads-latin-american-push-clean-hydrogen-2024-10-22/(검색일: 2025.10.17.)

De Miguel, Carlos et al.(2025), "Economic Policy and Climate Change: Carbon Pricing in Latin America and the Caribbean", Santiago: ECLAC.

Elliott, David(2024.10.10.), "Beyond hydropower: Brazil's net zero future", *Spectra*, https://spectra.mhi.com/beyond-hydropower-brazils-net-zero-future(검색일: 2025.10.17.)

Ember(2023.04.12.), "Global Electricity Review 2023", https://ember-energy.org/latest-insights/global-electricity-review-2023/(검색일: 2025.10.17.)

Ember(2024.04.08.), "Global Electricity Review 2025", https://ember-energy.org/latest-insights/global-electricity-review-2025/(검색일: 2025.10.17.)

EPE(2009), "Balanço Energético Nacional: ano base 2008"(Brazilian Energy Balance: year 2008), ECLAC.

European Environment Agency(2025.01.16.), "Share of energy consumption from renewable sources in Europe", https://www.eea.europa.eu/en/analysis/indicators/share-of-energy-consumption-from(검색일: 2025.10.17.)

Fariza, Ignacio(2018.11.22.), "A segunda Revolução renovável da América Latina", *El País*.

Ferreira de Castro, F. et al.(2024), "Transição Energética para Fontes de Energia Renováveis e sua Dependência por Minerais Críticos: Aspectos Geoeconômicos", *IPEA*.

Garzon, Luiz Fernando Nova(2008), "Infra-estrutura no Brasil: em busca da subalternidade cosmopolita", *Correio da Cidadania*.

GIZ(2017), "Renewable energy and energy efficiency in Centralamerica III", https://www.giz.de/en/projects/renewable-energy-and-energy-efficiency-centralamerica-iii?utm_source=chatgpt.com(검색일: 2025.10.17.)

Global Energy Monitor(2023), "A Race to the Top: Latin America: Wind and solar utility-scale buildout gains speed in Brazil, Chile and Colombia, while Mexico falls behind", https://globalenergymonitor.org/report/a-race-to-the-top-latin-america/

GlobalPetrolPrices.com(2025), "Electricity Prices", https://www.globalpetrolprices.com/electricity_prices/(검색일: 2025.10.02.).

Gobierno de México(2022.12.), "Visor de infraestructura eléctrica(Plantas en operación y RNT)", PLANEA · S —Conahcyt,

mapa base ⓒ OpenStreetMap contributors, ⓒ Carto, https://
energia.conacyt.mx/planeas/electricidad/sistema-electrico-
nacional(검색일: 2025.10.17.)

González Estrada, Hernán(2024.02.06.), "Reformas a la Ley de
la Industria Eléctrica son Declaradas Inconstitucionales",
Norton Rose Fulbright, https://www.projectfinance.law/
publications/2024/february/reformas-a-ley-de-la-industria-
el%C3%A9ctrica-en-m%C3%A9xico-son-declaradas-
parcialmente-inconstitucionales/(검색일: 2025.10.17.)

Gouveia, João Pedro et al.(2014.06.01), "Effects of renewable
penetration on the security of Portuguese electricity supply",
Elsevier.

Gunia, Amy(2022.06.29.), "Meet the Siblings Making Hydropower
That Actually Protects Rivers and Fish", *Time*, https://time.
com/6192153/natel-energy-green-hydropower/(검색일:
2025.10.17.)

H2LAC, "Mapa de proyectos de hidrógeno en América Latina y el
Caribe", https://h2lac.org(검색일: 2025.10.01.)

IBAMA(2025.09.05.), "Ibama concede Licença de Operação para
Linha de Transmissão Manaus-Boa Vista e garante integração
energética de Roraima ao SIN", Logomarca GovBR, https://
www.gov.br/ibama/pt-br/assuntos/noticias/2025/ibama-
concede-licenca-de-operacao-para-linha-de-transmissao-
manaus2013boa-vista-e-garante-integracao-energetica-de-
roraima-ao-sin(검색일: 2025.10.17)

IBGE(2021), "Atlas Geográfico Escolar", https://atlasescolar.ibge.gov.
br/brasil/3065-espaco-das-redes/sistema-eletrico.html(검색일:
2025.10.17.)

IDB(2024.03.06.), "Energy Transition in Latin America and the
Caribbean", https://www.iadb.org/en/news/energy-transition-
latin-america-and-caribbean?utm(검색일: 2025.10.17.)

IDB(2024.10.), "Renewable Energy and Energy Storage Value Chains
in Latin America and the Caribbean".

IDE Energía, https://ide-energia.minenergia.cl/portal/apps/
webappviewer/index.html?id=5c526a138b1449458e0667b2235d
2b19(검색일: 2025.09.28.)

IEA(2021.01.29.), "Climate Impacts on Latin American Hydropower".

______(2023), "Colombia 2023: Energy Policy Review".

______(2023.10.17.), "Electricity Grids and Secure Energy Transitions:
Enhancing the foundations of resilient, sustainable and
affordable power systems".

______(2023.11.08.), "Latin America Energy Outlook 2023", Special
Report, https://www.iea.org/data-and-statistics/data-tools/
latin-america-energy-outlook-interactive-map(검색일:
2025.10.17.)

______(2024.04.15.), "The Role of Carbon Credits in Scaling Up
Innovative Clean Energy Technologies".

______(2024.05.30.), "Strategies for Affordable and Fair Clean Energy
Transitions".

______(2024.07.03.), "A Global Review of Patent Data for Smart Grid
Technologies".

______(2024.10.02.), "Global Hydrogen Review".

______(2025.02.25.), "Building the Future Transmission Grid: Strategies to navigate supply chain challenges".

______(2025.02.14.), "Electricity 2025: Analysis and forecast to 2027".

______(2025.06.12.), "Blueprint for Action on Just and Inclusive Energy Transitions".

IEA's Clean Energy Transition Programme(2025.01.), "Latin America — A Region of Opportunities and Strong Momentum for a Just and Clean Energy Transition".

IGN(2022), "Caleidoscopio Energético Argentino: Redes y Territorios en Transición", https://www.ign.gob.ar/odc-13-carrizo(검색일: 2025.10.17.)

InvestChile(2025.01.06.), "Electricity generation in Chile 2024: 68% originated from renewables".

IoT Analytics(2024.02.21.), "Smart electricity meter market 2024: Global adoption landscape", https://iot-analytics.com/smart-meter-adoption/(검색일: 2025.10.17.)

IPCC(2023), "Sixth Assessment Report(AR6)", *Summary for Policymakers*.

IPEA(2025.01.), "A China Pode Afetar a Transição Energética do Fórum Econômico Mundial".

IRENA(2024), "Renewable Energy and Jobs: Annual Review 2024".

Itaipu Binacional(2025.06.30.), "Hydroelectric Power Plants in Brazil: Energy, Power and Sustainability", https://turismoitaipu.com.br/en/blog/hydroelectric-plants-in-brazil/(검색일: 2025.10.17.)

Jenkins, Kirsten et al.(2016), "Energy Justice: A Conceptual Review",

Energy Research & Social Science, 11.

Kardaś, Szymon(2023.09), "Energy Sovereignty Index", *ECFR*, https://ecfr.eu/special/energy-sovereignty-index/

Kardaś, Szymon(2024.11) "Energy Sovereignty Index: Gains, Gaps, and The Road Ahead", *ECFR*, https://ecfr.eu/special/energy-sovereignty-index-2024/

Latin America Energy Portal, https://portalenergetico.org/map/

Maguire, Gavin(2024.10.26.), "US power system becomes more fossil-dependent than China's", *Reuters*, https://www.reuters.com/business/energy/us-power-system-becomes-more-fossil-dependent-than-chinas-maguire-2024-10-25/(검색일: 2025.10.17.)

MBN(2025.09.02.), "Mexico's Transmission Network Grew 3.8%; Energy Demand Grew 15%", https://mexicobusiness.news/energy/news/mexicos-transmission-network-grew-38-energy-demand-grew-15(검색일: 2025.09.10.)

Mexico Energy(2025), "Power Grid Instability in Mexico: A Threat to Industrial Operations", https://mexicoenergyllc.com.mx/blogs/mexico-energy-insights/power-grid-instability-in-mexico-a-threat-to-industrial-operations(검색일: 2025.10.17.)

MME(2025.12.04), "Expansão energética ganha força com marcos estruturantes na transmissão e na geração", *Balanço* 2025, https://www.gov.br/mme/pt-br/assuntos/noticias/expansao-energetica-ganha-forca-com-marcos-estruturantes-na-transmissao-e-na-geracao.

NRCM, "Penobscot River Restoration Project", https://www.nrcm.org/

programs/waters/penobscot-river-restoration-project/?utm_
source=chatgpt.com(검색일: 2025.07.15.)

Nunes, T.G.A. et al.(2023.11.) "Os Financiamentos Chineses em
Energias Renováveis na América Latina e os Desafios das
Mudanças Climáticas", *IPEA*.

O Eco(2016.09.28.), "Ibama mantém arquivado o licenciamento a
usina de São Luiz dos Tapajós", https://oeco.org.br/noticias/
ibama-mantem-arquivado-o-licenciamento-a-usina-de-sao-
luiz-dos-tapajos/?utm_source=chatgpt.com

Olade/WEF(2025.10.), "Energy Transition Readiness: Latin America
and the Caribbean", in collaboration with Accenture.

Open infra map(2023), *Electricity grids*.

REN21(2025), "Renewables 2025 Global Status Report".

Schuk, Ronaldo(2007.09.), "O PAC e o abastecimento de energia no
Brasil", 40º Encontro Nacional de Agentes do Setor Elétrico.

Scotti, A. & Bottarin, R.(2022.07.), "Small hydropower—Small
ecological footprint? A multi-annual environmental impact
analysis using aquatic macroinvertebrates as bioindicators. Part
2: Effects on functional diversity", *Frontiers in Environmental
Science*, 10: 904547.

Secretaría de Energía(SE) & Ente Nacional Regulador de la
Electricidad(ENRE)(2020), "Examen especial sobre el subsector
energético de transporte eléctrico(Actuación N° 279/20, Proyecto N°
2081261/20)", Buenos Aires: SE-ENRE.

Strategic Energy Europe(2024.11.27.), "Europe must strengthen its
solar inverter manufacturing base".

Taesa(2023), "Transmission Sector", https://ri.taesa.com.br/en/taesa/transmission-sector/

Thieme, M. L. et al.(2021.08.10.), "Navigating trade-offs between dams and river conservation", *Global Sustainability*, Cambridge University Press.

Timmermann, Cristian & Noboa, Eduardo(2022.11), "Energy Sovereignty: A Values-Based Conceptual Analysis", *Science and Engineering Ethics*.

Ugarteche, Oscar & De León, Carlos(2022.05.06.), "China and the change of the energy matrix in Latin America: a global political economy approach", *Brazilian Journal of Political Economy*.

WEF(2025.06.), "Fostering Effective Energy Transition 2025", *Insight Report*, https://www.weforum.org/publications/fostering-effective-energy-transition-2025/(검색일: 2025.10.17.)

WEF(2025.07.01.), "How far advanced is the energy transition?", https://www.weforum.org/stories/2025/07/eti-2025-global-energy-transition-progress/(검색일: 2025.10.17.)

Werlang E. et al.(2021), "Reliability Metrics for Generation Planning and the Role of Regulation in the Energy Transition: Case Studies of Brazil and Mexico", *MDPI*.

WWF(2020.10.28.), "Securing a Future that Flows: Case Studies of Protection Mechanisms for Rivers", https://www.worldwildlife.org/publications/securing-a-future-that-flows-case-studies-of-protection-mechanisms-for-rivers/(검색일: 2025.10.17.)

WWF Report(2020), 『글로벌 기후위기 대응: 재생에너지 확대를 중심으로』.

라틴아메리카 에너지 전환 지형도

1판 1쇄 발행 2026년 1월 5일

지은이 | 이미정
펴낸이 | 조영남
펴낸곳 | 알렙

출판등록 | 2009년 11월 19일 제313-2010-132호
주소 | 경기도 고양시 일산서구 주엽로 134 시대프라자 704-1호
전자우편 | alephbook@naver.com
전화 | 031-913-2018, 팩스 | 031-913-2019

ISBN 979-11-994033-9-0 (93950)

* 이 책은 2019년 대한민국 교육부와 한국연구재단의 지원을 받아 수행된 연구입니다.
  (NRF-2019S1A6A3A02058027).

* This work was supported by the Ministry of Education of the Republic of Korea
  and the National Research Foundation of Korea(NRF-2019S1A6A3A02058027)